○薩所羅蘭○精神分析的人間叢書 01

拉斯‧馮‧提爾導演的「憂鬱三部曲」

在情慾裡

求生的

苦與痛

Lars von Trier

【薩所羅蘭】

緣起

「以後，我終於出發到山上去。出發去尋覓我的薩所羅蘭。

穿過豪雨欲來的村鎮，瘟疫彷彿從背後，從市場追趕而來，我的頸項縈滿雷聲如同縈滿柑橘五月的花香。

在一個高地，我疲倦地躺下，頭倚著平南走向的山脈，一株詭異的波斯菊在耳邊悄然生長，而我興奮地望見雨後跌盪出山的洪水，即將淹沒瘟疫的城池。

而薩所羅蘭，你以黑夜和篝火安慰病弱而驚懼的我，你偽裝成布農的獵人，向我述說百年前這高地的一場戰役，所有的山鹿都奔走他去，而他們最後終於自相殘踏，然後在山林和澗谷裡失蹤，餘下偶然一句創痛的獵角。

天明時，你悄然離我而去，在我渴睡的時候，餘留給我被露水沾濕的灰燼。

薩所羅蘭，在我開始信仰的時候，你一留給我怎樣的圖騰，荒年過後，我將回歸城裡。」

—— 李宇宙，〈給阿米巴弟弟們〉之七

日常生活心理學的數位自媒體

薩所羅蘭，以潛意識（無意識）作為探索領域，以故事述說悲歡離合、愛恨情仇，是「日常生活的精神心理學」數位新媒體。

我們將以精神分析的知識和經驗為基礎，嘗試和文學、戲劇、電影、文化、社會學、哲學、以及日常生活等開展對話，我們想要造橋，讓不同領域可以交流，然後等待，讓時間告訴我們未來的成果。

我們不是要以精神分析術語分析其它領域，是想從其它領域汲取和交流知識，來豐富我們對於人性的了解。我們也相信，我們的理念對其它領域有所助益，雖然一般人覺得精神分析沒落了，但在台灣它正新生發展中......

薩所羅蘭將有文字、動漫、影像和聲音，替人性和心智發聲。我們踩著小小的步伐，一步一步，慢慢走，有你的參與，我們會做得更有趣。

歡迎你們去相關社群網頁，尋找我們努力的成果。

感謝前台大文學院副院長邱錦榮教授，同意授權我們使用「薩所羅蘭」。

目 錄

Contents

【薩所羅蘭】精神分析的人間條件

【薩所羅蘭】還在摸索和社會溝通的方式，文化、電影、文學、藝術、人類學、哲學、歷史學和社會學等，如何和它們交談仍是我們需要學習的。除了診療室裡的個案，這些都是我們心中的「精神分析的人間條件」。我們甚至認為，這種學習是一種新人類學，探索人和人性的方式，雖然我們自許是精神分析家族裡的一份子，薩所羅蘭給自己的任務就是「走向人間」。精神分析大家庭裡的其它朋友，對於薩所羅蘭所說的「走向人間」，可能會覺得是個奇怪而難以了解的說法——精神分析不是一直在人間嗎？

薩所羅蘭會特別強調，自然是有我們的道理，我們還需要更多的描繪，去整理做的過程所累積經驗的想像，包括內在世界和外在環境之

間的互動，雖然已有溫尼考特（Winnicott）說的：「過渡空間」既不是內在也不是外在環境──這是有著創造性模糊的說法，我們覺得還需要更多深入的描繪。我們假設，如果要讓精神分析在台灣的發展更深廣，是需要讓精神分析走出診療室，以我們的獨特見解和態度，讓精神分析成為人間的日常。

有人說，「精神分析」不是廣為人知了嗎？不過這可能只是同溫層的見解，我們對於其他領域的了解仍有限，甚至我們相信「回到佛洛伊德」，當年他自知所知有限，因此需要從其它領域引進概念，來幫助自己在潛意識裡摸索前進。

一百年來「精神分析」是精進不少，文獻的質與量自然不是當年可以比擬，但這表示我們有更了解人性嗎？或者就算是有更了解，我們就不需要系統化且意識化地，踏進其它領域進行人類學式的觀察和描繪？或者也可以堅持的是，診療室外的人間裡，用精神分析式的觀察來描繪，替精神分析的存在，再尋找更多的人間條件，這也是我們想像的「精神分析的人

間條件」的觀察和建構。

我們是被溫尼考特的豐富的工作經驗，以及他對於「促進的環境」和「過渡空間」的概念所吸引。各位讀者可以看見，我們除了以佛洛伊德、克萊因（Klein）和比昂（Bion）的論點做基礎外，溫尼考特的論點對我們的啟發是強烈的。

「走向人間」的說法，也許會令人產生疑問：精神分析不是做好診療室裡的本份就好了，何必多此一舉，去涉足我們能力不足以談論的內容呢？我們同意這種不足的能力，因為無論在精神分析裡有著多久的經驗，我們是確知自己的不足，因此更需要嘗試向其它領域學習，只是就把其它領域的見解直接搬來嗎？如何選擇那些見解，在精神分析裡要如何擺放它們，都是值得探索的課題，我們主張這些課題的探索將助益精神分析取向者在診療室裡的工作，也會是打開眼界的某種方式。

在「憂鬱三部曲」裡，我們嘗試讓症狀、理論和電影相遇，我們只是想要讓它們在文字

裡相遇，並不知道它們所聊的內容，是否會帶來什麼驚人的改變？雖然我們不是那麼認真地期待會有這種效果，但我們有另一種認真，想要在這些相遇裡，會如同大家站在野外，聊到不想要離開......至於會留下什麼，並不是當時可以猜想得到的。

除了談論愛恨情愁，我們更在意的是，希望文學或藝術等領域工作者，藉由我們在不同工作坊展現的態度，了解我們並不是要以精神分析的術語，強去分析他人作品裡有著什麼病理，或導向作者是有什麼病症。對我們來說，那是老式的精神分析式運用，那種分析很容易讓創作者覺得被支解，好像我們用很囂張的術語闖進村落，隨意去指指點點，以為那些術語已經看盡了人生，了解了所有的事情——這不是實情，精神分析的術語並沒有那麼神奇，但是我們知道，這可能是其它領域者對精神分析的想像，因此我們基於精神分析的推廣，也在學習著慢慢地讓其它領域者認識到，我們的討論，已經不再是以前那種方式，然後慢慢地可以信任我們，並在未來可以和我們在工作坊裡對話；不是論劍比武，也不是爭輸贏，雖然論

辯是難免，但就只是兩方交流想法，讓相互的影響，留存在事後雙方心中默默醞釀。

這是最理想的想像，不過這不可能馬上做得到。對精神分析取向來說，以前大都是以我們的術語，來分析解構他人的創意，但這不會帶來有創意的回應，只是讓兩方保持距離；這種結果，可能使雙方各自依據著以前不知何年何月的想法，因此就相互認定對方仍是那樣？

薩所羅蘭很審慎看待這種現象，我們不想要讓術語以全知者的角色來分析（包含這麼做所引發的破壞），而是觀察對方能夠存在的創意，雖然不是所有的對話都能如此，不過我們把這個期待放在心上，一步一步往這條路走去。

「憂鬱三部曲」和臨床經驗的交會，就是在前述概念下的初步嘗試，也許仍不盡如意，但我們是滿意的，只是不會因滿意而停下腳步，接下來，我們也將和「莎士比亞」的戲劇交會，這是探險的心路歷程，希望讀者可以支持我們的想法和作法。

我們的目的也是無可隱瞞：讓精神分析的概念，實質上成為日常生活的一部份，不論同意或不同意它的論點；精神分析百年來的經驗和概念，是人類文明史裡的重大成就，依我們的觀察，精神分析的概念若要落實在生活裡，不能是拿來診斷自己的精神病理，而是要讓精神分析對人類經驗的描繪，成為日常生活看事情的一種觀點，不只是當作診斷他人、評論他人或攻擊他人的語言，而是溝通想法，讓原本的事情多了一種風味的有趣想法。

　　如同以「薩所羅蘭」為名出版的《「癮」是心理創傷的答案或謎題？》的自序裡提到的，在這本書我們仍想再次強調：

　　　　「不可否認的，如果我們仍抱持著，以為我們還是在診療室裡，以對待個案的方式，來對待診療室外，所存在的各種文本，看來那可能無助於精神分析的被了解。

　　　　畢竟在診療室外，文化、電影、文學、藝術、人類學、哲學、歷史學和社會學等文本，不是我們的病人，我們甚至需

要再如佛洛伊德當年從其它學門引進故事和概念，來說明潛意識（或無意識）的某些發現。我們希望這條路仍是持續的，然後就在這個想法下，我們摸索著可以做些什麼？……

不過精神分析是外來者，我們樂意在精神分析在地化的過程，扮演某種功能，還有很多事要做、要想，不是一步就到位。但我們相信，光是想這些問題就是很有趣的過程。」

而且我們相信，一定還沒有說完，我們會在其它題材裡持續說，讓薩所羅蘭的文字，成為精神分析與其它領域間的過渡空間，在那裡，我們要揮灑創意，讓深度心理學不只是佛洛伊德說的「精神分析的精神病理學」，而更是「精神分析的日常心理學」。

感謝「無境文化」游雅玲編輯，和李俊毅醫師主編【生活】應用精神分析叢書系列的協助，也感謝「薩所羅蘭」一起合作的朋友們留下一些當代的聲音——做這些事，可能以後才會知道它的真正意義。感謝「臺灣精神分析學

會」的朋友們，你們是精神分析在台灣發展的家，「薩所羅蘭」出外流浪，但隨時回家充電。

見血見骨，這是憂鬱？

李俊毅

　　若說「憂鬱」是情慾與激情堆砌而成，甚至充滿暴力與誘惑，這樣的說法有沒有顛覆大家熟知的「憂鬱」？拉斯‧馮‧提爾(Lars von Trier)大費周章拍了三部電影：《撒旦的情與慾》(Antichrist)、《驚悚末日》(Melancholia)以及《性愛成癮的女人》(Nymphomaniac)，組成「憂鬱三部曲」(Depression Trilogy)，用來述說一個駭人聽聞、簡直離經叛道版本的「憂鬱」；然而，驚悚(uncanny)倒是正好催促我們用更寬廣、更另類的視角，重新審視再熟悉不過的「憂鬱」。

　　在《驚悚末日》中，拉斯‧馮‧提爾讓華格納《崔伊斯坦與伊索德》的〈愛之死〉(Liebestod)旋律不時響起，象徵相愛的兩人是透過一起死亡(dying together)才算永久結合。人的

生命畢竟是生命本能與死亡本能之間的纏鬥或是纏綿的過程，代表愛與性的愛神(Eros)與代表痛苦與死亡的死神(Thanatos)經常換臉變身，幾度錯身而過，終究合為一體。

彭大歷斯(Jean-Bertrand Pontalis)這位內裡外在充滿文學涵養的精神分析學者，在最近發行的《潮起潮落》[1]中提到一個奇特現象：夫妻兩人參加一位摯友的葬禮，心情沮喪得想跟隨好友長眠墓底，隨後又跟朋友一起喝酒追憶離世的摯友。晚上回到家，兩人卻被狂暴難耐的做愛慾望佔據。彭大歷斯說，交歡也許是為了驅退死亡，也可能藉此體驗死亡。不管怎樣，愛神(Eros)無論如何必須保持清醒，否則自我必將灰飛煙滅。這是詮釋？還是嘲諷？難不成憂鬱到了極致，便以性愛召喚愛神降臨？

類似的場景也出現在《撒旦的情與慾》。夫妻兩人失去意外身故的兒子，妻子陷入重度憂鬱，丈夫的自戀高漲，性愛竟成了兩人解決創傷性失落的方式。拉斯‧馮‧提爾在影片一

---

[1] 《潮起潮落》，彭大歷斯著，許薰月、謝朝唐、葉偉忠譯，無境文化出版，2021。

開始就用慢動作將孩子墜地瞬間與夫妻性愛高潮同步，根本上已經將死亡與性愛緊緊環扣，接下來就是考驗觀影者有沒有能力解讀這個關聯性了。這情節不難讓人想起王爾德筆下的莎樂美為希律王跳完七紗舞後，狂舔作為恩賜的施洗者約翰鮮血淋漓的頭顱，那種死與愛交融的詭異畫面，令人不寒而慄。《撒旦的情與慾》的後半，當憂鬱的妻子轉而對丈夫行動化，她出現潛抑許久的閹割、暴力、謀殺等施虐本質的混亂行徑，此時我們才豁然開朗——憂鬱的本質果真是一種自戀性精神病態；這部份佛洛伊德已經在〈哀悼與憂鬱〉一文中剖析得淋漓盡致。

憂鬱的源頭畢竟是創傷，既然是創傷，必然是無可抗拒的強迫式重複。從影片中，我們無法真確得知《性愛成癮的女人》中的喬(Joe)早年受到何種創傷，但是從喬窮其一生陷入無限迴圈、無法自拔的性成癮，暗示喬在性的領域中試圖克服早年不易證實而且隱晦的創傷，早年「性創傷」的可能性因此浮上檯面。父女之間智性而曖昧的對話一再出現，正是一種誘惑，醞釀著日後亂倫幻想的行動化。憂鬱的

喬，受虐與施虐特質交替出現在她的生命歷程，周遭所有人毫無例外成為滿足她性需求的客體，即使作為假性治療師(pseudo-therapist)角色的塞里曼，最終還是難逃潛抑一輩子的性衝動而遭致殺身之禍──飽讀詩書與滿腹經綸原來只是知識層面的防衛。同樣的，《撒旦的情與慾》中陷入精神病態的妻子，是否也可依此想像？當然，《驚悚末日》中的賈絲汀（Justine）又未嘗不是？

　　當年作為逗馬宣言[2]一號作品《那一個晚上》(The Celebration)，湯瑪斯·凡提伯格(Thomas Vinterberg)精心安排，在隆重的生日宴場合揭露家族性醜聞的手法，讓人驚嘆不已。如今，隱含著對凡提伯格的致敬，拉斯·馮·提爾採用更蒙太奇、更隱喻的手法拍攝《驚悚末日》，這次情節則是離異的雙親在女兒賈絲汀的結婚喜宴中，行動化早年家庭衝突的情境，如此強迫性重複想必持續不斷地困擾著賈絲汀，不斷將她拉回不堪回首的早年創傷情境

---

2 逗馬宣言(Dogme 95)：1995年由拉斯馮提爾與湯瑪斯凡提伯格共同起草的宣言，標榜影片製作本著故事主題的傳統價值，摒除使用科技特效。

中，讓慢性化的憂鬱活化又淡化，生生不息。當愛神火力全開，死神不會保持沈默，它的毀滅本能才會展露無遺。《驚悚末日》第二部的世界末日情境，讓人想起佛洛伊德的史瑞伯(Schreber)案例，憂鬱者的內在世界原來也如妄想者般具有強烈的毀滅性！

不管愛與恨，生與死，施虐與受虐，佛洛伊德將人類本能(或是驅力)二元化(dualism)，生命本能與死亡本能皆無法輕易與性能量力比多(libido)脫鉤。憂鬱狀態，力比多自客體撤回自我，形成一種次發性自戀，滿溢的力比多性能量，表現為性愛、攻擊、毀滅、施虐、受虐，有何不可？

「憂鬱三部曲」：開場白

蔡榮裕

　　其實是很暴力的過程。這種暴力的起源和目的是什麼呢？導演拉斯·馮·提爾（Lars von Trier）透過暴力和性的聯結所帶來的衝擊，也許可以說是某些人的內心戲，或者如夢地展現？只是夢不會如此完整，但電影裡的故事完整嗎？劇中仍是破碎的經驗，如果我們依著導演的角度來談論「憂鬱」，是否會讓被如此診斷的人覺得污名化呢？覺得怎麼會有這樣的憂鬱呢？一般來說，憂鬱不是都顯得絕望和無力嗎？我們假設導演的想像和演員的表演是廣義的「憂鬱」的一環，藉由這些電影，讓憂鬱的內心戲呈現在大家眼前。

　　如果要說，還是得說，這真的很暴力！就算平時我們呼籲：「不要畏懼憂鬱、不要因此害怕就醫。」只是什麼是憂鬱？從一般的情緒

到嚴重到想要傷害自己而需要住院，這中間是如此寬廣，範圍如同光譜般，我們相信這是實情。

「憂鬱三部曲」：《撒旦的情與慾》、《驚悚末日》與《性愛成癮的女人》，它們是廣大光譜裡某段頻率的光吧？這個頻率可能如紅外線或紫外線般，是「之外」，是眼睛無法看見的光譜，它就存在那裡，我們嘗試以深度心理學做工具，親身來見證它們在吶喊。

我們不是只想定義它是性或暴力，而是想要跟它們對話，幫助我們了解我們的臨床實務。佛洛伊德說過，有些詩人對於人性的了解，可能勝過精神分析者。而我在這裡補充，有些電影導演、小說家、劇作家或其它的創作者的了解也可能如此，但是我這麼說時，一點也沒有「精神分析取向者」會被取代的擔心。

我們不是以「什麼是憂鬱」下診斷，而是以這是「人性一部份」的角度來書寫。導演在憂鬱症後拍攝的「憂鬱三部曲」電影，如同佛洛伊德在父親死後的自我分析而寫出《夢的解

析》。我們就以「憂鬱三部曲」如《夢的解析》的平行想法，來寫我們的「憂鬱工作坊」——透過三部曲的影像、音樂和情節故事，讓我們了解和想像潛意識裡的某些層面。

佛洛伊德初始的知識生產，部份是以「症狀」和「夢」相互對話而建構起來，如果我們以臨床經驗跟電影裡的所見所想（廣義的『反移情』）對話，包括和臨床常見現象相同或不同之處，都是可以討論的——何以同？何以不同？是否還有什麼可以多思考的？

性活動是生之本能的驅動，但我們需要說明，何以有著不同的表達方式，以及何以有人會走到完全無力感，而變得性慾望全失？

比喻上，假設人都是從失落死亡的深淵裡回來，有人回不來了，而回來的人如何再活著和走下去？也許可以說這是溫尼考特（Winnicott）的「真我」（一堆活生生的能量），透過各式防衛的需要而不得不建構出「假我」，但「真我」也要滿足自己，那麼「真我」和「假我」的妥協是什麼？

請各位仔細品味以「憂鬱三部曲」為題材的文字宴席，我們從精神分析取向專業職人的角色，展開有趣的深度心理學探索之旅。就算你不曾看過這三部電影，我們相信你也能從我們的文字裡，窺見精神分析和電影巧妙互動的成果。

《撒旦的情與慾》

誰的憂鬱周旋在情與慾裡浮沈？

王明智

Armida dispietata！

殘酷的阿米達！

Colla forza d'abisso

以來自地獄的魔力！

Rapimmi al caro ciel di miei contenti,

奪走我那歡樂可愛的天堂，

E qui con duolo eterno viva mi tiene

使我永遠生活在

In tormento d'Inferno.

痛苦的地獄中。

Signor！Ah！per pietà lasciami piangere.

主啊！可憐我，讓我哭泣吧。

Lascia ch'io pianga mia cruda sorte,

讓我為自己悲慘的命運哭泣，

E che sospiri la libertà！

讓我渴望自由！

——韓德爾, Lascia ch'io pianga （讓我哭泣）

之一、關於獻詞與片名

　　當心理學家克萊斯・凱文（Dr.Kris Kelvin）奉命前往太空站展開調查之際，同為心理學家的丈夫（無名）也帶著妻子（無名），穿越重重森林，前往伊甸，希望協助太太重返健康。這個重疊的意象讓我想起佛洛伊德形容女性心靈是一座尚待開發的「黑暗大陸」，觀賞這部電影，便是跟著男主角走一趟解謎女性的旅程。

　　在《撒旦的情與慾》（AntiChris♀）片尾，拉斯・馮・提爾（Lars von Trier）把這部電影獻給塔可夫斯基，並向他的電影《飛向太空》（Solaris）致意。我特地追索這行短短獻詞的蹤跡，發現：

　　　「《飛向太空》是一部具有『神學藝術』和『科幻美學』的經典之作。在塔可夫斯基眼中，科幻是人類的一種精神疾病，一種人性自大和迷失的不治之症。藉由去除一切科幻影片經常濫用的恐懼和暴力原素，塔可夫斯基賦予人類面對自然宇宙新的態度，以敬畏代替尋奇，以自省代

替擴張。這部電影代表了塔可夫斯基走向一種『人文神秘主義』的風格，再次流露他對終極關懷的孜孜眷顧，對人類眾生的深切同情。」（文：宋國誠）

《撒旦》有些鏡頭完全仿同《飛向》。《飛向》的索拉利星球與太空站，對照著《撒旦》的森林與伊甸小屋。克萊斯前往的太空站是座死城，裏頭的倖存者非死即瘋，就連死去的妻子也穿越陰陽界與其相會。同樣的，《撒旦》的伊甸也是座死蔭之地，裏頭的妻子也瀕臨非死即瘋的狀態。

當初這個獻詞受到許多影評人訕笑，因為塔可夫斯基對於神學與藝術的尊崇，到了《撒旦》卻成為對「神學」的猛烈攻擊。不過細究電影內涵，對於人類發展科學的全能自大，還有對於新教文明的意識形態（也包括父權體制）倒也是同聲一氣的批判。

《撒旦》的片名《AntiChris♀》直接取自尼采的書名，尼采終其一生反對基督教，更批判整個西方文明的基督教傳統，象徵理性、權力與男性，片中從事認知行為治療的先生/治療師為其表徵。相對的，女性卻被視為非理性、

縱慾、與邪惡。《撒旦》鬼影幢幢的森林，宛如女性/母性身體的大自然，被文明/男性統御且摧殘殆盡。

有趣的是，故事發生的背景在伊甸，使人直接聯想到聖經裡的伊甸園，夏娃從亞當的肋骨中生出（注定女性次等與從屬的地位），還有被蛇（撒旦）誘惑吃下智慧之果（性慾）。而男主角的心理治療，宛如文明向野蠻宣戰，科學降伏迷信的過程。

也因為這種設定，這部電影無法被限縮在寫實的框架中解讀，把它視為象徵與神話或許更為恰當，也因為電影傳遞的訊息曖昧多重，這篇文章僅能取某個角度切入。

之二、原初場景

電影一開始便是電光火石的性愛，為了使交媾的身體不要分開，阻礙均被掃除，雖然畫面無聲，僅有韓德爾的詠嘆調悠悠吐出，但這個來自異域的聲音又不似源自房間的音響，可能更接近電影配樂的後製。儘管電話被靜音，我們仍可「聽」見牙刷杯子落地，飲水瓶傾倒，體重器被擠壓，洗衣機被撞擊，裏頭的衣

服轟轟隆隆滾動的聲音。在優雅的慢動作下，浴室的水滴，窗外的雪花都漂浮著，我們彷彿被性的狂喜所包覆，有一種遙遠、無暇他顧的不真實感。在後來閃現的回放中，偶爾一瞥妻子的眼神，我們才明瞭當下所感受到的，正是妻子的主觀現實。

與此同時，小嬰兒尼克醒來了，推開嬰兒門，四下游走，困惑地望向父母交纏一氣，隨即把目光投向氣球，為了追逐這個漂浮物，竟然自己推著椅子爬上五斗櫃，從大開窗戶縱身一躍。

拉爾斯‧馮‧提爾曾說過，《撒旦》是他「最接近電影尖叫聲」之所在。的確如此，我們目睹尼克攀爬後墜落的場面令人心碎。所有被理想化的場景，在這一刻忽然變成惡夢。

我們不禁懷疑，尼克的死真是偶然？抑或只是母親無意識動機的結果？表面上，妻子沉醉於跟先生的性愛中，無暇他顧。在之後的回顧，我們知道她已經意識到尼克打開嬰兒床，看他爬到五斗櫃頂部。她對丈夫袒露：「都是我的錯。我本來可以阻止他的。我知道他最近都會自己打開嬰兒門，開始四處走動。他醒了，感到困惑和孤單。」

我們不禁自問：如果她知道男孩的危險行動，為何不阻止？是想傷害孩子？還是想擺脫孩子？她的無所作為，是在自我懲罰嗎？隨著影片進行，這個謎逐漸被打開，但也極具挑釁。

　　或許妻子透過理想化性愛場景，希望對現實保持距離，就像我們在開場所感受到的一樣，這樣才能視而不見，允許暴力發生。這種包覆感，後來在妻子被迫停止精神用藥時被戳破，導致後來一系列非理性力量的潰堤。

　　孩子是在目睹父母交媾的原初場景之後轉身的，是一知半解？還是大受震撼？

　　太太透過讓孩子目睹原初場景來排除孩子？或者懲罰孩子？何以太太對孩子有這麼大的恨？或許太太也想讓孩子嘗嘗被排除的滋味？在這之前，太太感覺到被孩子與先生排除？

　　這是母親對孩子的恨，即使這麼隱微，卻也如此可怕。表面上是忌妒先生與孩子的關係，潛意識卻是因為自己的憂鬱；成為母親從根本上就意味著遠離了身為小孩的位置，這個領悟痛徹心扉，同時也忌妒著孩子可以享有被動且被照顧的位置。這也是有些女性會經歷大

小不等產後憂鬱的原因。另一方面也意味著自己與先生（另一個母親的代表）的歡愉，必須被孩子取走或打斷。

溫尼考特在談到「原初場景」時如此寫道：

「可以說，一個人獨處的能力取決於處理原初場景引發感覺的能力。在原初場景中，父母間的興奮關係是可以被感知或想像的，健康的孩子能夠接受，並有能力掌握此種恨意，將其收納到手淫中。在手淫時，有意識與無意識的幻想由孩子這個個體概括承受，他是三人或三角關係中的第三者。

在這種情況下能獨處，意味著情慾發展成熟，具有生殖力或相應的女性接受——意味著攻擊和情慾衝動與意念的融合，也意味著對於矛盾的容忍。

綜合上述，個體就能自然而然地認同父母。」

溫尼考特提醒我們，對於原初場景的幻想，透過手淫得到釋放，是學習獨處之重要過

程，這不禁讓人聯想到A片之於手淫的關係，透過觀影，我們一遍又一遍地把自己帶回原初場景，觀看旁人之性愛，被阻隔在螢幕之外，除了滿足偷窺的需求，那種隱含的排除感，如何可以成為愉悅？無論是影片的挑選，私密空間的安排，還有其間狂野的幻想與獨享的放浪形骸，或許可以讓自己在潛意識中滿足於嬰兒對父母雙方的操控、攻擊、色慾與認同——也算某種獨處能力之養成。

當然，看A片還是比較容易的處境，這部電影一開始就將我們帶回原初場景；或許，這也是電影藝術的起源，我們被排除在銀幕之外，既透過認同參與其中，又置身事外，還得動用想像與思考。我們的困惑與尷尬指出處境之艱難，導演使用隔絕手法使得情慾與恨的張力驟減，遮蔽了我們對於孩子共情的能力。

依循著溫尼考特的思路，我們必能推測妻子尚在襁褓時目睹原初場景的煎熬，某種程度一定遭逢到難以承受的排除，父母間的親密與興奮似乎是對自己的挑釁與攻擊，此種強大刺激對她來說應該趨近於殲滅，因此不是自己瀕死，就要想盡辦法迫使父母分離。

在恨意與情慾幾乎將她撕裂的情況下，無

法在獨處時，透過手淫將性與恨整合至恰到好處，才會在這種炸裂中，將恨意投向孩子，將情慾投向先生，終究釀成悲劇。

之三、獨處的能力

「你對我和尼克一向很冷淡，現在回想起來，是非常冷淡。」

「是喔，妳可以舉幾個例子嗎？」

「你的態度很明顯，像是去年夏天，你去年夏天就很冷淡，身為父親和丈夫都是，你錯過了尼克最後的夏天，真是遺憾。你現在才對我產生興趣，因為我是你的病人，我是不是不該談這些事？」

「沒甚麼是不能談的。」

「你根本不關心你孩子的死活，你一定有很多治療師漂亮的說法對吧？」

「事實上，我是尊重妳，妳想安靜的寫論文。」

「也許那不是真心話。」

「我以為妳想一個人寫作，妳和尼克要單獨去伊甸，好完成妳的論文。」

「但我沒完成。」

「沒有嗎?」

「看吧!你連這個都不知道。」

「為什麼放棄,這不像妳。」

「這篇論文在山上變得沒那麼重要,就像我談起題目你說的,膚淺。」

「我沒說妳的題目膚淺。」

「也許用詞不同,但意思一樣。突然間它變得很膚淺,甚至像是在騙人。」

「我了解。」

「你不了解,你偏偏就是不懂這些事。」(太太忽然吻了先生)

這段對話令人心驚膽跳,太太幾乎是在控訴先生。當先生試著使用放鬆與冥想處理太太的焦慮時,我們可以明顯地感覺到像在降魔。太太不知哪裡不對勁?在她身體似乎有股衝力,幾乎就要爆破出來。

唯一我們可以確定的是,當先生愈執意使用自己的治療方式,忽略太太的情感現實時,這股衝力就愈發不可收拾。最後幾乎變成兩股力量的拉鋸。

在對話的最後,太太居於下風,先生的理論與話術壓制了太太,太太只能用吻讓先生閉嘴。

這個吻在告訴先生，有些事情單靠語言不足以解決，因為這是身體的事。甚麼是關乎身體的事情呢？讓我想到，人在尚未有語言時，所有的交流都是透過身體；就精神分析來說，那是人的發展早期，當時感知世界與防衛的方式，都是很原始的。

這也是為什麼先生的治療，短時間可以壓制太太的症狀，卻讓太太的症狀每況愈下。太太被體內的莫名力量折磨得生不如死，只能跪在地上嘔吐，重擊自己的頭，希望可以獲得解脫。

當先生執意使用原先的治療方式時，太太發出微弱的呼喊：「救我！救救我！」此時太太依循著身體的意志，希望可以跟先生做愛。透過身體傳來的直覺式求救，未能被先生覺察且放在心底。

先生說，妳不能跟妳的治療師上床，不管妳的治療師有多愛，這樣會讓妳分心，但對妳並不好，我們來做呼吸練習，我愛妳。

此時太太再度自傷，先生只好透過性愛壓制太太。完事之後，先生身為治療師的自戀受到挫傷，責怪太太為什麼要破壞治療？堅持回到治療正軌。

為什麼會演變成性愛與治療的對峙？在太太的情感現實中，何以性愛佔有這麼大的重要性？要回答這個問題之前，讓我們先回到前面的對話。

當先生對太太說：「我以為妳想一個人寫作，妳和尼克要單獨去伊甸，好完成妳的論文。」時，先生是把自己獨處的需求投射到太太身上。如此未經覺察，又再次重演了太太所感覺到的疏遠。

聽不見對方的情感現實，使得對方感受到強烈的否認與抹除自己的存在——如此我們無法透過客體確認自己的定位，與客體的互動只會讓主體感到困惑與挫折，持續下來，主體無法確知自己是誰，跟自己相處也變得岌岌可危。

當太太抱怨唯有變成先生的病人時，先生才會注意她，更證明了在先生的內在現實裏，或許治療專業才是唯一的愛，太太為了接近先生，不惜讓自己生病。這似乎是很絕望的事情，當然也可能反過來說，是太太無法容忍獨處，無法容忍自己一分一秒與先生分離，只要這個分離發生，先生便會被經驗為惡意的遺棄，任何可能導致分離的種種（包括先生的事業與自己的小孩）均要被掃除。

不管重點放在客體或者主體，都說明了主體要享受獨處或者涵容獨處時的虛空，在這之前都有一個更早期的經驗需要被成全。

陳瑞君心理師在《活在身體軀殼裡的垂死靈魂：自傷成癮》[3]這篇文章裡，以優美的筆觸探索了這種成全：

「需要說明的是，當『孤獨』被如此描述時，意味著無法享受和無法忍受孤獨，這是一個深遠而安靜的課題。如果是源於早年的經驗裡，無法有可靠的客體提供一個場域，讓嬰孩經驗到在重要他人的眼裡能夠享有獨處的安在，這是內心世界裡自發性的領域，當嬰孩能在與人的關係中仍能發展及享受來自於自己原始的自發性，多過於需要時時去回應外在的需要時，這樣的孤獨才有其中心思想，這並非在外在現實上能找個客體或任務導向就能取代，或就可以免除空洞駭人的孤獨感。解決的方式需要在內心裡處理，可靠客體的逐步建構亦是需要時間的，重要他人的

---

[3] 《『癮』是心理創傷的答案或謎題？》，薩所羅蘭著，無境文化，2021。

重要性有時並不在於汲汲營營，一定要提供什麼，最大的誠意是來自於這位重要他人，這個客體的願意『成全』，一種對嬰兒的成人之美。」

這種成全在心理治療裏也非常重要，雖然廣義上來說，「詮釋」是精神分析的精髓，但是在詮釋之前，治療師其實需要對病人有很多的成全，包括對於治療架構的維護，使得架構變成不是勉強病人的規則，而是一個穩定、安心，可以自在探索的空間。再者，尊重病人主觀現實的同理心，願意從病人現象的基礎出發，加以延伸探索；或者治療者願意被病人使用來經驗病人的內在世界（移情），帶著善意與好奇涵容與扶持等等，都像陳瑞君心理師說的成人之美，無論是照料嬰兒的母親，或者是治療師，願意把關注與力氣花在讓出自己，騰出空間，好成全病人的自發性。

當治療裡面缺少成全是很可怕的，當先生無視太太的恐懼，堅持要太太做練習（踩踏對太太像是赤焰般的草地），讓太太飽受創傷。導演在這裡平行剪接了雛鳥從巢穴掉落，老鷹把雛鳥吞食的景象，便是把缺乏成全的心理治

療可能造成的創傷表露無遺。這不禁讓我想到片中有一段太太突然變好，對於森林不再有那麼多焦慮與恐懼，當先生滿腹狐疑時，太太意味深長地酸先生一句：「當代心理學對夢沒興趣，佛洛伊德已死不是嗎？」

這句話肯定在為先生的治療缺少成全發出抗議，表面上否定佛洛伊德，實際上是雙重否定，也就是提醒先生對於夢與主觀現實，還有人格完整性的重視，這不就是精神分析關切之所在嗎？

溫尼考特認為當成全可以發生，就消極的意義來說，病人有免於被害焦慮的自由；就積極角度而言，能讓好的內在客體存乎心中，才能在恰當時刻進行投射，成為探索自己與世界的內在資源。如此才能得出以下景象：母親陪伴一旁，孩子自在遊戲；或換成治療室的圖像，治療師陪在一旁，病人可以自由聯想。

之四、為何太太性慾如此高漲

讓我們再回到性愛的問題上，為甚麼太太性慾如此高漲？甚至以出人意表的方式展現？

要回答這個問題之前，不免想到性的課題

如果跋扈灼人，通常就會使我們警覺，問題的重點很可能不在性，性只是轉移注意力的幻術。

在治療實務中，情慾移情往往只是喧賓奪主的障眼法，因為性太興奮也太喧囂，因此很容易引誘我們分心，愈是聲嘶力竭的性，背後隱藏的有可能是更絕望的憂鬱？

這種憂鬱在第三部曲《性愛成癮的女人》中可以找到蹤跡，女主角沒有好的內在客體，僅有一個挑剔專斷的母親，嚴肅刻板全無生命力，或許我們可以說這位母親是憂鬱的，因為她冷漠、疏遠。所以女主角也透過性去對抗母親，愛恨矛盾大都被投射到後來的性伴侶身上。

我們也可以問，《撒旦》中的太太對先生的感知，又有多少繼承了對原初母親的感受？而女主角在絕望中掙扎求生的性，又有多少再現了早期關係中的創傷？性愛指涉的很可能是核爆現場的滿目瘡痍。

佛洛伊德是精神分析的開山始祖，但仍然留下很多未完成的議題，有些是他自己覺得不足且尚待發展的地方。他在《克制、症狀和焦慮》（Inhibitions, Symptoms and Anxiety, 1926）的

附錄C《Anxiety, Pain and Mourning》裡提到：

「對情感過程的心理學知之甚少，因此我對此一主題的初略想法懇請諸位寬待。橫亙眼前的問題所得出的結論是，焦慮乃對失去客體危險的反應。我們已知道失去客體的反應就是哀悼。因此問題是，這種失去何時導致焦慮？何時導致哀悼？

在前面關於哀悼的討論中，我發現有一個關於它的特徵尚未釐清，就是它特別痛苦。與客體分離是痛苦的，這點無庸置疑。因此，問題變得更加複雜：什麼時候與客體分離會產生焦慮？什麼時候會產生哀悼？什麼時候產生的，可能只有痛苦？請容我很快地說，看不出這些問題答案的前景。我們必須滿足於劃分某些區別與賦予某種可能。」

我們可以說，佛洛伊德在此將其對焦慮的思考慢慢擴展到痛苦的領域，也就是從衝突論，延伸到失落。怎麼樣的失落可以導致健康的哀悼？怎樣的失落導致的只有痛苦？而那些

連綿不絕的痛苦所形成的，或許就是現在我們認識的，鋪天蓋地的憂鬱。

讓我們再回到太太控訴先生那段，當先生說，我了解。太太回說，你不了解，你偏偏就是不懂這些事。接下來就是太太忽然間狂吻先生，想為先生寬衣解帶，強迫先生與她發生性行為。

在此，性愛發生的關鍵在於「你不了解」。不被理解是無法忍受的，意味著他們是截然不同的兩個人，隔著難以觸及的距離。承認這種不同，雖然也意味著與人進行更深一層的交流。但是對太太來說，這種不同代表自己孤身一人，被先生拋棄，令人無法忍受。

這讓我想到女主角與先生的關係，似乎再現了原初母親的關係。也就是說，女主角說的孤獨是很原始的，接近殲滅，因此才會對先生產生如此巨大的恨意。

佛洛伊德說，當嬰兒對母親尚未發展原初渴求時，失去客體僅會帶來焦慮，而當渴求發生時，失去客體就會帶來痛苦。從焦慮到痛苦，客體的印記烙印得愈來愈深，我們也逐漸涉入憂鬱的深水區。

女主角似乎只有痛苦與焦慮，還沒有開啟

哀悼。痛苦是因為被所愛且產生渴求的先生/母親拋棄，焦慮是因為內在的攻擊被投射到大自然中。當先生鍥而不捨地追問太太害怕的事物，所有的徵兆逐漸指向伊甸小屋與其座落的森林。

基於行為治療的洪水法，愈是害怕的事物愈是要直面它，因此先生不顧太太恐懼，一意孤行地驅車前往森林，鼓勵太太透過理智，戳破恐懼的幻影。

先生這麼做是治標不治本，忽略了太太的情感肌理。其實只要我們細心留意，就能發現表面的焦慮，後面還有更深的失落與憂鬱。

導演透過鏡頭帶領我們深入森林，剛開始我們僅是旁觀太太症狀發作，但隨著進入森林，我們彷彿進入太太的身體，莫名感覺危機四伏，不知會從哪個方向倏地暴衝攻擊，隨時將我們擊倒。

譬如初抵森林時，太太雙腳無法踏地，感覺會被地面灼傷。先生起先不信，但看到太太腳掌的灼痕，心底被震動了一下。儘管創傷如此明顯，仍立馬被先生忽略。

太太休息時，先生四處走走，不遠處有頭鹿幽幽地走著，一轉身，母鹿的尾巴垂掛著畸

形小鹿的頭顱，那是傷痕累累瀕死的小鹿。這個景象太過超現實，因此啟人疑竇，輕易被解釋為幻覺。

然而種種跡象逐漸顯露。太太畏懼過橋，說之前看到橋上站著一個人。晚上睡覺時屋頂突然有甚麼落下，緊接著接二連三的襲擊，太太說那是橡子敲打屋頂。但其實更像是群鼠在屋頂亂竄，瀕臨千鈞一髮的生死存亡。

先生隱隱感到不安，還是一昧忽視接二連三的訊息，早上轉醒時才發現自己晾在窗外的手臂被莫名的東西沾黏，乍看之下像是粒粒水蛭正蠶食自己的手。但先生稍被驚嚇，很快就回神清理它們。

如果我們細心留意這些訊息對情感造成的衝擊，不難發現背後傳達了失落創傷與憤怒攻擊之間的關聯。如果森林代表太太的身體，置身於這個煉獄般的身體，不難發現曾經挫傷的痕跡，還有因為這些積壓已久忍無可忍的創傷，蓄勢待發的猛烈攻擊。當這些源自身體底層的絕望與攻擊變得無法忍受，做愛變成唯一可以抵禦的方式。

為什麼是性愛？性在這裡被設想成對抗孤獨的方法，跟客體分離對主體而言一分一秒也

無法忍受，透過跟客體融合的性愛，來挽救分離所造成的殲滅感。但事情僅是因分離而造成的絕望感嗎？之後先生在草叢中撞見朝他嘶吼的狼，這隻母狼似乎正護衛著奄奄一息的小狼，小狼不知道被甚麼東西攻擊？母狼也是一觸即發，瀕臨狂顛。

我們甚至可以說，整個森林中邪了（歇斯底里），被一股邪惡的怨念所統御，任何靠近森林的人（特別是男人）都被視為危險的入侵者，而整個森林的控訴，就是指向帶來創傷的入侵者（男性）。如果森林代表女主角的身體，那我們會說這個歇斯底里的身體逐漸朝向精神病狀態傾斜。

慢慢地，想要抵禦孤獨的Eros[4]，被代表自戀與死亡的Thanatos[5]所統治。這也是太太的性愛愈來愈朝向強迫與攻擊演變的原因。

之五、女性的憂鬱

如果以森林/大自然來比喻太太的身體，那

---

4 希臘神話中，愛與情慾之神。

5 希臘神話中的死神；另有一說，祂是Eros的分身。

麼先生目睹的幾個景象便充分體現出女性性特質的創傷。喬絲‧麥克杜葛(Joyce McDougall)對於性特質的創傷曾經如是說：

「首先我想回顧一下當今精神分析理論有關人類性特質的定位。對某些思想流派，性特質是一種主體與外在世界重要客體之間／之內關係的理論；對其他派別來說，性特質是內在心理世界與內在客體之間被關係充塞的概念；有些認為性特質由核心性別與性角色認同，及兩者關係所組成的理論；對於其他人來說，性特質甚至意味著移情與反移情關係的分析實踐理論本身……。

我的書《艾洛斯的多種面貌》(McDougall, 1995)，並沒有想為上述觀點添加新的理論方法，只為了強調性衝動的普世價值，探索那些使我們性特質得以表達的成千上萬偽裝。依循著這種思路，我在本書開宗明義就提出，人類的性特質天生就具有創傷性，趨使人類追求永恆的解決方案。」

因此，當我們聚焦於女性的情慾與憂鬱的關係時，就不得不看到女性性特質背後的創傷性，是這樣的創傷日積月累且沒有出路，導致鋪天蓋地的憂鬱。《撒旦》後半段逐漸納入女主角未完成的女巫迫害論文，以及近乎精神病狀態的暴力，可以推知導演想探討的並非女主角的個人病理，更希望可以推至神話，也就是集體潛意識的層次[6]。

片中有個段落將這種創傷做了令人不寒而慄的表達。太太說自己去年夏天寫論文的時候無法專心，因為總是會聽到小孩的哭聲，嚇到無法書寫。

太太訴說的時候鏡頭移到桌上擺放的女巫迫害圖片，與此同時，先生斷然否定太太的主觀感受，試圖做出理性邏輯的推定，這個動作果然惹惱了太太，太太起身攻擊先生。

此時掉落的橡子不斷重擊屋頂，像是受迫害女性成千上萬的頭顱落地，使我們感受到五雷轟頂的顫慄。

「橡樹能活幾百年，一百年種一棵樹就行了，這樣森林就能延續下去。可能你聽了沒感

---

[6] 這裡講的集體潛意識跟榮格無關，比較是潛意識的集體心理學。

覺，但是我和尼克曾經非常激動地感受到這點。尼克討厭橡子跳落屋頂，不斷地掉下，掉下，死去，再死去。這讓我明白，伊甸一切表面美麗的事物，實際上都是可怕醜惡的。現在我能聽到以前聽不到的聲音了，那是即將死去事物的哭泣聲。」太太幽幽地說。

這個場景讓人不得不把女巫迫害與藍鬍子童話聯結在一起，說明了男性對女性的「閹割」。這種閹割導致的憂鬱就是「死去事物的哭泣聲」，激起的驚恐感覺，像是在譴責先生對太太的暴行，激起他的罪惡感；也像在威脅先生要取他的頭顱。

所有的憤怒攻擊在此場景被推向高峰，可惜先生依然選擇不相信現場所感受到的氛圍，一昧地尊崇理性。是因為太過傲慢？還是過於懼怕？先生不聽情感所傳遞的訊息，導致基本的理性功能也隨之癱瘓。

如果有一種殘酷，是因為先生的無知與傲慢而導致，這種殘酷，或許比暴力本身更為殘忍。

我們可以說，太太因為感受到這種攻擊，因此無法繼續她的寫作。她所聽到哭泣孩子的聲音，或許來自她的內心，而研究那些被當成

女巫迫害的女人，使女主角認同了那些被迫害女性，導致她的憂鬱加深，心智崩塌，影響了正常功能的運作。

若我們稍加回顧，中世紀歐洲對女巫的恐懼與迫害，在在顯露出男性對女性的迷思。當時判定女巫的標準，就現在的眼光看來會覺得荒謬，但仔細想想，仍可以覺察到潛意識厭女情結的痕跡。譬如，女性性慾太強、或者年紀太大且獨身、或者生養眾多（而感覺那些小孩應該不是親生，而是被女巫誘惑綁架的）。

Christine David在〈Masculine Mytgology of Femininity〉（1973）中就曾提到，以男性為中心的女性觀察不免帶有偏見與歧視意涵。不管是對女性諸多現象加以貶抑（月經、懷孕、生子、停經），或以反向作用加以理想化都一樣。而這種貶抑除了嬰兒對母親的欲力投注本身就帶有攻擊性之外（在嬰兒的幻想中，自己是全能且主動有攻擊性的），更可以追溯到小時候母親對嬰兒造成的自戀傷害（不禁讓我們想到嬰兒在現實中對母親的全然依賴，還有自己的被動無助。有趣的是，就佛洛伊德的觀點，這種被動無助的狀態也是女性性特質的起源，更別說在後來的發展中，每位嬰兒都要經

歷的母親缺席，或者意識到父親母親的伴侶關係等……。），更別說在男孩與母親融合的想像中，當比較處於「妄想分裂位置」時，會感覺似乎要被母親吞沒。上述種種性創傷，都會導向大小不等的厭女情結。

中世紀的女巫迫害現象，背後的動力或許是男性將自己的「閹割焦慮」投射給女性，才會透過社會建制將女性閹割掉。即使在女性平權日益改善的今天，我們仍會在診療室中遇見這種女性性特質的創傷，女性生物與心理的難題，加上社會建制縝密地強化女性閹割，無可避免地迫使人妻人母陷入憂鬱。因此，有許多女兒，在追尋女性性特質時，也企圖喚醒她們憂鬱的母親。

之六、施受虐共演

「打我！求你，打我！我快受不了了。打我！不然你就是不愛我。」先生被太太的要求弄得不知如何是好，此時太太狂奔到樹下自慰，感覺就像中邪，先生為了制止太太，不得不過去賞她耳光，然後進入她。

沉醉在受虐快感的太太說：傳說這樣可以

下起暴雨。然後樹根旁伸出許多隻手，是惡魔之手，間或交雜著斑駁的軀體。

觀眾一定會被這幕景象嚇得目瞪口呆，興奮與邪惡的感覺交替。甫回神，隨即認出：這不是性愛！這是攻擊！

諷刺的是，先生之前以治療攻擊太太而不自知；此時，太太無畏地，甚至有點挑釁地要先生直接攻擊她。

太太的行為在在讓我想到電影《大法師》那個著魔的女孩，在驅魔儀式下猛烈地反擊神父，還吐出一大團黏稠的綠色汁液羞辱神父。

太太要先生拯救她，結結實實開了「拯救」的玩笑，彷彿在說，你看看！這就是你所謂的拯救！讓我教你看個清楚！

或者說太太也正在施虐先生，將自己受虐的部份投射給先生。相信先生此時必被一股兇猛、莫名的攻擊席捲，全然地困惑與無助；而這種感覺或許正是先生對太太施行治療時太太所經驗到的。只是這種無奈的崩潰被性愛的狂顛推向高峰，太太期望的暴雨將至是甚麼呢？

是那些受虐者的眼淚，卻要以性的嘉年華來遮掩，抑或要如此將性的能量宣洩殆盡，只是為了加速死之本能的進場？

難怪這一幕總讓我感到無比的荒涼，太太義無反顧地朝絢爛之後的無盡黑暗走去，那裏的黑是怎樣的黑？憂鬱的黑？空洞的黑？還是一無所有一無所獲的自我棄絕？那是一個沒有客體的世界，或者是連主體都沒有的世界？或許，那就是撒旦最為眷戀的世界。

　　但若稍加留意，撒旦的訊息早已發出，早在先生收到法醫公文時就發現，死去兒子的腳掌骨有反向的扭曲。

　　當先生翻閱相簿，發現去年夏天，太太為尼克穿上左右相反的鞋。回閃時我們看到尼克在母親穿錯鞋時痛哭。然而，母親卻無視他的哭泣。

　　當丈夫面質太太為何穿錯鞋，太太驚呼：「怎麼會？那天我肯定疏忽了。怎麼這麼奇怪？」但是，一連幾張照片說明這絕非輕忽。

　　太太告訴先生去年夏天寫作論文時聽到孩子哭泣的聲音。她拼命搜尋聲音的來源，卻發現尼克毫髮無損地在屋內玩耍。太太隨即意識到聲音出自想像，只是這樣的哭泣也是尼克對於母親施虐的反應，卻在這裡成為母親的迫害妄想。或許我們可以這麼說，對兒子的攻擊無法被母親容受為自己的一部份，因此以幻覺的

形式投射出去並返回攻擊自己。其所產生的原始罪咎感，使正常哀悼無法進行。

以對尼克的攻擊來理解太太的邪惡也很重要——顯然她認同女巫迫害所編派的女性邪惡。

使兒子雙腳癱瘓，或許是對先生離去的報復；女性對於親職勞動分配不公，獨力扶養小孩的恨意，藉由孩子雙腳癱瘓，便可以阻止先生離開。在電影後段，太太將先生的腳與磨石捆綁也是為了阻止先生離開。另一方面，畸形的腳也會讓我們想到中國的綁小腳習俗，束縛女性的腳挫敗其自由離去的慾望，以防止女性獨立。當然這也是一種施受虐的共演，太太感覺被先生虐待，然後行動化，轉而虐待自己的小孩。當一切忍無可忍，變得無法象徵化，最後就是直接施虐先生。

施受虐本身也可以提供本能滿足，甚至，當攻擊和性結合，可以緩和甚或轉移攻擊的殘忍，而無視於攻擊所造成的破壞性後果。

施受虐一方面是本能衝動驅使，另一方面則是「超我」要求的結果；就宗教而言，對被指責為女巫的女性施予酷刑，或對敵國的戰俘強加侵犯，均是「超我」透過政治和意識形態的手法讓邪惡變得平凡無奇且可被接受。

之七、結語

　　太太：「我不只在外面，也在裡面，我是所有人類的自然（本性）。這種自然（人性），讓人對女性做出可怕的事。我對這種自然（人性）產生興趣，這種自然（人性）正是我論文的主題。我在這裡找到的比我想像的多，如果人性本惡，那麼自然（本性），女性的自然（本性），所有姊妹的自然（本性）。女性無法控制自己的身體，控制的是自然（本性）。」

　　當太太說出自己不只在外面，也在裡面。想像中事物全被翻轉成外在現實。另一方面，nature這個字，在電影中把大自然替換成人類（女性）邪惡本性，也全然說明我們被迫代入崩潰的精神病世界。因此電影最後的攻擊，是內在幻想全然置換成外在現實的具體行動。

　　當太太認為先生要離開她而抓狂，氣得強暴先生，用木頭攻擊先生的腳。

　　先生被攻擊得昏厥過去，但是陰莖堅挺，此時太太興奮地握住陰莖，直到榨出鮮血。並且穿刺先生的腳，用磨石禁錮。

　　隨後的激戰中，有一段先生躲進樹洞卻被

洞內的烏鴉攻擊，為了怕被太太發現，用石頭打死烏鴉。太太循聲找到先生，用鏟子在樹下挖洞，希望可以把先生逼出。

這段讓我倍感荒謬地笑了出來，因為通常「挖洞」的是男人，這裡卻成為女人。

施虐受虐在此倒轉過來，但也很符合嬰兒在母親子宮裡面感受到的，母親子宮的擁有物（烏鴉）對自己的攻擊，還有父親的陰莖（鏟子）對自己的挑釁。

當我省思自己為什麼會想笑？其實是因為那些莫名的、難以消化的攻擊。這也是拉斯・馮・提爾對觀眾的惡趣味，讓觀眾慘不忍睹地吞下這一切——觀看拉斯・馮・提爾的電影，常常會感覺像被導演施虐。

拉斯後期的電影不只施虐觀眾，片裡所描寫的暴力已然失卻象徵能力，變得非常具體。我自己的觀影經驗是，就像經歷一場崩潰與浩劫。或許拉斯・馮・提爾把觀眾拉進的，就是一種前伊底帕斯，異常原始的，在量上過於巨大，幾乎要淹沒主體的殲滅焦慮。

如果說甚麼是邪惡，或許這種來自生命早期難以處理的創傷，被投射為惡意客體，就是拉斯・馮・提爾在片中所要探討的絕對的惡。

拉斯・馮・提爾晚期的電影逐漸向精神病狀態傾斜，觀賞他的電影像是走入精神病的黑森林，遍地盡是裂解混亂的精神病碎片，轟然炸毀，一發不可收拾。

| 參考資料

- Winnicott, D.W.（1958）. The Capacity to be Alone. Int. J. Psycho-Anal., 39:416-420.
- 陳瑞君，《活在身體軀殼裡的垂死靈魂：自傷成癮》（台北，癮工作坊，2020年）
- Freud, S.（1926）. Inhibitions, Symptoms and Anxiety. The Standard Edition of the Complete Psychological Works of Sigmund Freud, Volume XX（1925-1926）: An Autobiographical Study, Inhibitions, Symptoms and Anxiety, The Question of Lay Analysis and Other Works, 75-176.
- McDougall, J.（2000）. Sexuality and the Neosexual. Mod. Psychoanal., 25（2）:155-166.
- Christine David (1973) A Masculine Mythology of Femininity, in Female Sexuality: New Psychoanalytic Views, by Janine Chasseguet-Smirgel（ed.）, p.47~67.
- Siri Erika Gullestad.（2011）. Crippled Feet: Sadism in Lars von Trier's Antichrist, Scandinavian Psychoanalytic Review, 34（2）:79-84.

《驚悚末日》
憂鬱的心聲如何拐彎抹角說自己？
陳建佑

《Melancholia》怎麼會譯成《驚悚末日》？

Melancholia的字源要回溯至希臘文「melan」黑色，以及「chole」膽汁。過去的醫療人員篤信人體系統內有黑、黃、紅或綠色等各種體液，這些體液的不平衡被認為是導致心智與身體疾患的原因。若體內分泌過多（被認為是由腎臟或脾臟分泌）的黑色膽汁，則可能導致個體慍怒、不善交際且憤怒、暴躁、憂心忡忡且抑鬱。

此處說明了憂鬱（melancholia）的現象，但我們先不把憂鬱與精神醫學的憂鬱症診斷（Depressive disorder）劃上等號，因為佛洛伊德提到憂鬱時，談論的還有哀悼（mourning）。「哀悼」通常指的是對於失去所愛之人、或者失去象徵某些（像是國家、自由、理想或其代替之

物等）抽象意義事物的反應；而「憂鬱」具有獨特的心智表徵，像是強烈痛苦的沮喪、對於外在事物興趣的斷除、失去愛的能力、抑制所有活動以及將自尊降低到一定程度，使自己感到自責和憎恨，最終達到期待自我被懲罰的妄想；其中特別是自我憎恨，在哀悼過程是不會有的。

這和驚悚有什麼關係呢？或許可以從影片一開始一連串慢動作無對白的鏡頭想起——物品和人在面無表情的女人（而此刻都還不曉得那是女主角賈絲汀）身後不斷墜落，一顆湛藍的行星，另一名女人抱著小男孩沉重地在地上踩出一串坑洞，穿著禮服被繩索拖著前進的賈絲汀，行星在地球附近看起來非常巨大，穿著禮服的賈絲汀躺在水上飄著，外甥拿著小刀削著粗樹枝，以及最後，巨大的行星在碰撞地球以前，雙方的大氣層互相交換，地球像是浸入行星般地隨著螢幕暗去——這些影像讓人摸不著頭緒，想著到底發生什麼事了？

畫面、分鏡、顏色、以及語言的欠缺，讓觀者分辨不出前因後果，不知邏輯為何？試著使用理智思考，卻感覺比平常困難——看得清楚的畫面，想不清楚的關聯，除了陌生的違和

感，或許也讓我們觀察到一個跡象：心智的某個部份正全速運轉，試圖理出頭緒；在這個未知的領域，重現地球測量重力加速度的實驗，企圖去驗證我們對於過往經驗的可行。這些固然重要，但是在理智的旁邊，我們又感覺到了什麼？這些感覺會被納入公式，作為一個代數還是常數？會不會我們的理智根本沒有考慮到它們？眾多感覺裡，用「驚悚」來形容，除了對於末日的害怕和無助外，因未知而誘發無以名狀的危險想像，如同片頭以一連串如屏幕記憶的畫面，間接而零碎地呈現，這是某種想要忽視或遺忘的片段嗎？

佛洛伊德曾提出「屏幕記憶」（screen memory）的概念，指的是過去有強烈情感衝突的事件，我們既想要記得又想要忘掉，心智妥協的結果，只留下某些無關緊要如電影銀幕閃爍的畫面；或者另一種解讀是，在真實衝突前又設置屏障般使意識難以輕易跨越。這樣的情境，也出現在《撒旦的情與慾》裡——要從滿盈的色彩畫面、強烈的情感、少有空缺的樹林裡，重新找尋象徵物理定律的蘋果樹。

這樣看來，片名的翻譯或許反應出我們這個群體對於故事的集體感受——「Melancholia」與

「驚悚」是有關係的。同樣地我們也疑惑，憂鬱與哀悼在表現上最大的不同：「自我憎恨」——這底下的秘密是精神分析家比昂（Bion）提到的「無可名之的恐懼」（nameless terror）——外在事件可以勾起我們某種驚恐，但是驚恐的對象仍埋伏在內心深處，像在電影裡，即使被人們取名為「憂鬱」的星球，它帶來的許多感受仍無可名之，是不是這些無可名之的秘密與未曾現身的對象，讓憂鬱是驚悚的？是否看見他們就不害怕了？

我們在看著什麼？

　　劇中賈絲汀的婚禮過程：她先是租了一台過長的禮車，在駛向姊姊克萊兒為她舉辦婚禮的莊園途中，遭遇迴轉半徑過大的行進困難，使得婚禮延遲了數個小時。到達現場，她卻不直接進入禮堂，反而領著男友至馬廄認識亞伯拉罕，讓人看了為她心急。幸好婚禮有著不錯的氣氛，賓客齊聚、前上司讚賞她的表現並升她職、父親雖然與母親離婚，但他們都在場、丈夫深情的示愛；直到賈絲汀母親毫無掩飾地發言後，她數次在儀式進行中途離席，兀自開

著高爾夫球車看星星、跟著外甥一起睡著、在客房裡洗澡......，當我們順著心裡其中一條思路，連結賈絲汀雙親的關係與她在婚禮上的行為，一定可以產生許多因果關聯的想法，這樣的企圖不免會使我們如賈絲汀的姊夫約翰一樣，對媽媽蓋比發怒，將她的行李丟到屋外，或者認為客房裡不該有浴室，那麼他們母女就不會在裡面洗澡，讓儀式無法進行。

約翰：「她會搞砸這場婚禮，我不敢再看她出醜了。」的這般感受，產生的過程應該不只有「看」，似乎還有什麼其他未說的，讓我們有各種想像。與此同時而生的許多情緒，像是說著過往某些不愉快的事件，在婚禮的過程中重現了；約翰感到無奈和不滿，他把情緒轉向賈絲汀的媽媽，好像她是目前問題的所有起源，或者她更像是那顆憂鬱星球的另一個版本，提早將毀滅帶來了現場。

無可避免地，我們會用自己的方式來理解電影，並且很習慣用智性與邏輯在其中找脈絡，逐步分析，就如同上述的思路，我們可以用家庭動力的概念，理解並試著同理賈絲汀的行為，但是，她需要我們的同理嗎？或者說，電影怎麼會需要我們的理解呢？面對非人的影

像，這樣的意圖朝向的是誰？或許可以說，這是為了瞭解內容、享受其精妙之處等等動機，但不可否認，這些動機背後應該還有其他需求，否則我們為何會願意觀看這樣痛苦的電影？（這裡得先把『不覺得痛苦、沒有感覺』的可能放在一旁，畢竟我們希望沿著觀影者的某一特定感受往下思考，以貼近憂鬱的形貌。）

這並不符合佛洛伊德「享樂原則」的行為，他說：「精神運作會從任何可能引起不愉快的事件中撤回以獲得樂趣」，也非只是「因為不確定結果如何而放棄一個暫時性的快樂，只是為了之後在新的路徑上獲得一個確定的快樂。」[7]向現實原則妥協，實際上是在保護享樂原則。這個像是在受苦但又充滿動力的狀態，為的是潛意識的享樂目的，或者在享樂之外還有其他意圖？

佛洛伊德在《受虐的經濟學》一文提到：

若人類的心智運作是受到享樂原則主宰，其首要目標將是趨吉避凶，因此「受

---

[7] 精神分析學會臨床課程，彭奇章中譯。

虐」是無法以正常經濟學的角度來理解，痛苦與不悅不再是警告而是追尋的目標，「享樂原則」就此被癱瘓，如同我們心智生活的守門員被下藥而動彈不得......。

此處繼續討論生死本能與施受虐的關係，但明白了這些想法，並不會是這些受苦的解藥；對於生死本能的理解與受苦的感覺這兩件事，只是在意識上合乎邏輯的因果關係，我們很難以這種「次級步驟」（secondary process）去理解無意識運作的「初級步驟」（primary process）；處在別的次元裡，試圖重演F=ma是行不通的。

透過觀看賈絲汀在婚禮的各種行徑，仿佛我們也在感受她在婚禮的痛苦，或許以下提問會先於痛苦被我們察覺：「幹嘛要租那麼長的禮車？」、「為什麼要把賓客放著跑去洗澡？」、「為什麼不好好回應姊姊的好意？」、「為什麼停止跟麥可的前戲，而跟初次見面的後輩做愛？」、「為什麼要讓大家都恨你？」這些對於賈絲汀的痛苦的提問，應該都有一兩種以上的答案，但此處答案的需求很顯然不是「1+1＝2」這麼純粹；就像《撒旦的情與慾》中，先生堅持做太太的治療師，好像除了心理

治療，沒有其他理解、幫助太太的方式了。雖然片中的先生做治療的方式不全然是精神分析，但在精神分析中，我們有可能自己不被分析就能理解個案嗎？如同前述，在電影與觀影者之間，不像真實的兩人關係，省略自己在關係中的角色，這是否還是精神分析？這也是我們很謹慎地不直接把電影當作個案般對待的原因，畢竟在診療室裡工作的方式，是需要個案與治療者一同建構對於個案過往的理解。此處電影則如同與理論或工作經驗同等重要的另一種文本，另一種替精神分析換句話說的介面，例如，在觀看的過程，我們能否察覺自己傾向於用理論解釋回應的當下，有哪些是被賈絲汀的行為所引發的情緒？以及這些情緒背後的故事？

「......桑塔格在她的名著《旁觀他人之痛苦》（Regarding the Pain of Others）從觀看攝影的照片的感受出發。因此，桑塔格也不再像自己作為一個銳氣正盛的學者時，那樣的驕傲於批判的立場。她給了我們一個視野，一個為何攝影者得用照片讓我們旁觀他人之痛苦的解釋。她說：

『點出一個地獄，當然不能完全告訴我們如何去拯救地獄中的眾生，或如何減緩地獄中的烈焰。然而，承認並擴大了解我們共有的寰宇之內，人禍招來的幾許苦難，仍是件好事。一個動不動就對人的庸闇腐敗大驚小怪，面對陰森獰獰的暴行證據就感到幻滅（或不願置信）的人，於道德及心智上仍未成熟。』（2004，p.129）。

這時的桑塔格，對戰地記者以及第一線的攝影家有了不同以往的理解。她提到：『戰地攝影師命喪當場的機會與他們瞄向的人物也差不了多少。』而那些受苦的難民，本身也希望自己的痛苦能被拯救，他們希望在攝影機前表呈自身的痛苦，要人們知道他們所受的災難是『獨特的』……。

痛苦各不相同，自身的痛苦被等同對待，這對受難者來說情何以堪。」[8]

此刻，我們和賈絲汀觀看的痛苦，一樣還是不一樣？

---

[8] 取自吳明益：〈傷心就是一種凝視〉，出自《端傳媒》。

觀看的方式

　　快轉、加速播放、無法一次看完、去看別的視窗......這些行為好像說明，在觀看的過程，有什麼使得我們無法專心，有什麼在干擾注意力，或者說這些無法專心的狀態，是為了在這些連貫的不舒服感受之間，穿插一些緩衝的時間，就像嬰兒遭遇身體不適時，可以使用轉移注意力的方式，來暫時渡過那種不自在。觀影時被勾起的情緒，如同嬰兒在初次面對尿布潮濕、太熱或者胃脹氣所帶來無以名之、不知如何是好且無能為力的處境；對於這種無能為力，在生命初始是由母親幫助其解決困境，因此母親的在場與否，往往是精神分析討論熱烈的場域。佛洛伊德在《克制、症狀和焦慮》（Inhibitions, Symptoms and Anxiety, 1926）的附錄C《焦慮、痛苦與哀悼》（C Anxiety, Pain and Mourning）裡提到：

　　　　「一旦母親從嬰兒的目光中消失，他看起來就像從此都不再會看見她了；因而他學習到：母親的消失之後總是伴隨她的再現身以前，重覆經歷與前述相反的寬慰

經驗是必須的。嬰兒的母親可藉由玩類似的遊戲來鼓勵他獲取這個至關重要的知識，如用她的手遮藏著臉，不讓嬰兒看見，再為他愉悅地露出臉來。」

我們於外在世界的所見所聞，會使內在泛起不同的記憶，例如看到蛋糕會有嗅覺、味覺等感官的記憶，甚至這些記憶還會與情緒連結，例如這是親人帶著笑意買給自己的，帶來幸福的、愉悅的感受。蛋糕作為與客體相關的情緒記憶的替身與重現，如同觀看賈絲汀時，勾起了旁觀者如嬰兒在熟悉自己的身體，以及與母親的距離等等相關的未知感受，只是我們於外具有成人的功能，可以幫忙自己轉移這種困境所帶來的感受；然而，注意力是一個主動的過程，一旦我們離開緩衝區，那種特定的感受又會再浮現出來，像是說明心裡的嬰孩不見得能因此被安撫，也意味著成人和心裡的嬰孩的運作邏輯是有所不同，後者就像是古老化石四散各處，因而難以拼湊全貌，也可形容它是迷失三魂七魄的孤魂野鬼，而不是一般想像的心裡的嬰孩，不意外地，克萊兒努力為賈絲汀所作的一切，像刻舟求劍般，難以消解她的憂鬱。

佛洛伊德接著說：

「由於嬰兒對這個事實：『失去母親的情況不是危險的情況，而是一種痛苦的情況』的誤解，他將如過去一樣，感到孤單及無人陪伴的絕望。更精確地說，如果嬰兒恰巧某個時刻感受到得由母親來滿足的需求，但母親未能現身，那麼痛苦將會轉變成危險，成為創傷。」

而母親從此成為憂鬱的其中一個代名詞。那麼憂鬱的主體是什麼呢？看起來我們的理智只能在一個又一個代名詞裡難以找尋答案；面對憂鬱，在非常多種說法裡的一種是，憂鬱的自我，認同了所失去的客體，使其也成為自我的一部份，這樣看起來不會與客體分離的作法，卻導致了自我對於客體潛抑的憎恨落在自己身上，自己批判著自己。「客體的影子落在自我之上。」佛洛伊德如此描述，「自我本身成了這個失落客體的影子，成了其中空的分身，匯聚了無法抹滅的懷舊之情，以及沒有出路的怨恨，除非以自我破壞的方式似為出路。」（《當影子成形時》p.46）到最後，自我還

剩下什麼？

佛洛伊德認為，「憂鬱的客體失落並非意識上的；這是哀悼與憂鬱的基本差異。」個體在憂鬱中很難看清楚自己所失為何，即使意識到憂鬱是在失去了某人某事之後襲來，他僅止明白於外在所失去的，但難以知曉他內在失去了什麼。這暗指憂鬱是與被從意識撤除的客體失落有關，面對憂鬱，主體在潛意識的失落客體關係，並非只是失落，而是能將在一旁觀看的客體捲入這一再上演失落的劇碼漩渦，主體自己則被失去的客體捲走、迷失了，不再是自己，甚至覺得自己一無是處。

在《撒旦的情與慾》裡，我們可以這麼看待：妻子不斷尋求性愛的強迫性重複，這一次次行動化的毀滅中，是在潛意識裡追尋救贖，而被捲入這場追尋的先生，貌似無法妥善處理自己的哀悼以及承受妻子的情緒，因此把這部份的自己投射到妻子身上，理智化地行動／治療她。法國分析師拉普朗區認為，「分析文本的人，正在被文本分析」，當我們只能這麼分析先生的行為源於無法哀悼，是否我們的這條思路也處於認同（被捲入）憂鬱的困境？看來憂鬱無所不在，並且像是可見光譜的邊緣，是

在可見的「確定」邊緣。我們不禁疑問：在眼前發生的是否就是全貌？還曾經存在什麼？或者，現在存在的，其實是因為這裡「不」存在什麼？……可以想像一種觀點，我們觀影的一舉一動以及各種感觸，像是底片的負片般，演示（掩飾）著憂鬱的無聲對白，得尋找一種沒有語言的語言、穿越行為本身的觀看方式，來認讀這個沒有文字的劇本，像是把憂鬱找出來與它對戲，才可能做出不同於《撒旦的情與慾》劇中先生的選擇；但憂鬱真的想被找到嗎？那是在尋找電影之外的、甚至外於言外之意的存在嗎？或者只是將一場電影轉譯成不斷流失的時間，並叩問著裡頭還有什麼？

憂鬱和受苦，是想被忽略還是想被看見？

如果憂鬱是沒有語言也沒有直接行為，我們該如何找到它？憂鬱似乎有種能力，讓主體感覺痛苦，透過痛苦所產生的行為，也讓身邊的人感到痛苦，這反映著憂鬱不只是一個人，而是也牽連一些重要客體，畢竟，如果未曾客體分離或經歷失落，主體不會有這般難以名狀的情感，因此，作為客體的我們遇到一個痛苦

的、關於要如何接近憂鬱的困境——要思考憂鬱為何讓人如此痛苦，似乎得引述更多理論描述，然而「憂鬱」這兩個字是高度濃縮的代名詞，有可能因此變得只是紙上談兵，而距離我們的實際感受以及眼前的人事物越來越遠；使用電影中的角色作為例子，描述該如何看見憂鬱，卻擔心過度簡化，畢竟這是虛構的人物，賈絲汀也未能真的在診療室裡與我們會談。這像是個無解的兩難，這樣的困境重演了「無論如何努力，都無法接近」的克萊兒的困境，那麼我們該轉而認同約翰，認為憂鬱就是這麼麻煩的東西嗎？

當我們的思考落入二選一的情境，這通常是「分裂機制」在運作，往往二者的背後都是同一件事。當我們如克萊兒試著解決問題，讓婚禮順利進行，就忽視了賈絲汀潛意識的需要；當我們如約翰般抱怨並且將母親蓋比的行李丟出莊園，也形同抹除蓋比的行為挑起我們內在的不愉悅——這使得我們將離憂鬱越來越遠。但究竟是我們遠離憂鬱？還是憂鬱把我們趕走了？有沒有可能憂鬱不像是個可以擬人的客體，更像是空洞，所有在裡面奮力的掙扎，最後只成偶發的雜音，轉瞬即逝，想要再捕捉什

麼僅是虛妄？

　　佛洛伊德在《回憶、重複與修通》提到，個案不是以回憶，而是以行為的形式重演他所忘記之事，在這個過程中，自己對所忘之事的思維與此事一同缺席；與外界、與人的關係成為一個行動的失憶，只有行為且行為者未能意識、渾然不覺，如先前描述負片的概念，憂鬱使用看得見、感受得到的行為與感官，抹除了應該存在的思維與記憶；於其中，我們只能參與這場失憶，否則便是被視為否定這場劇碼而完全被排除在外。憂鬱到底想被忽略還是看見？

　　在《哀悼與憂鬱》這篇文章裡，佛洛伊德提出這種觀點：

　　　　「如果耐心聆聽憂鬱者各式各樣的自我控訴，我們最終很難避免有這樣的印象：這些最嚴厲的控訴幾乎不適用在病人身上，但在微不足道的修正後，卻適用在某些人身上，某個病人所愛、曾愛或應該愛的人。每次我們檢驗事實時，這個推測都被證實。因此我們發現了臨床圖像的要點：我們感知到自我譴責是針對所愛客體的譴責，這個所愛客體已經遠離自身，移

向病人的自我。」[9]

　　很巧妙地，也許有某種憂鬱是讓主體自欺欺人，使所有人無法認識真實，這可說是源於失去所愛之愛導致的利弊衝突，如失心語症（alexithymia）的概念指涉，「沒有詞彙表達情緒」的狀態。正因如此，憂鬱雖想被所愛之人看見，但也明白它已無法被失去的客體看見，因而將前者的欲求像黑洞般挪移至潛意識，在意識裡割出一片空白。這多少說明為何買絲汀在自己的婚禮上表現，無論身體在場或遠離，心思總是飄向他方般地，無心於克萊兒安排的宴會。

　　法國精神分析師米樹‧葛里賓斯基在著作《不完美的分離》中認為，罹患身心症或者傾向以行動化迴避內在衝突的個案，他們的談話僅限於描述外在現實事件，而不是個體在過去種種情感經驗的思維，因此旁人幾乎無法碰觸到他們的情感或潛意識，他們「不只排除了痛苦，也排除了快樂的情緒。」這也像是喬絲‧麥克杜葛（Joyce McDougall）對嬰兒心理狀態轉

---

9 呂思姍譯，取自《失落的空洞感》頁159，蔡榮裕，無境文化。

變的描述：當母親受到嬰兒如風暴般強烈情感的影響，難以避免地使她無法充分回應嬰兒的需求，後者會緩和對前者的衝動，或許精疲力竭地睡去，然而那些未被回應帶來的憤怒與害怕，可能不是真的緩和，而是「不再有幻想，除了虛無之外，一無所求。」她在《「我」的劇場》一書中提到：

　　「我們是否可能不這麼思考：那已將精神現實中痛苦面自意識排空的個案，在我們身上，或經由我們，來喚起哀傷、失望和內在癱瘓等等被拒斥的情感？現在得由我們，來體驗這個往昔的兒童歷經痛苦而學會之事：要在精神上存活，端賴其撲滅情感衝動的能力。」[10]

　　也可以說，憂鬱既想被看見，也想免於失落地活著，因此把渴望回應的需求化作空白，讓需求持續藉由空白讓人不要有感觸。看見它之前，我們得如母親回應嬰兒的方式，經過狂風般的情緒與死亡般的空白，同樣以行為讓它

[10] 《當影子成形時：兒童分離與憂鬱三論》，尚-克勞德．亞富尤著，林淑芬、黃世明、楊明敏譯。記憶工程，2007。

憂鬱的人間 78

知道，我們可以在兩者之中活下來，找到第三種可能。

　　荒謬的婚禮結束後的清晨，賈絲汀與克萊兒騎馬往村莊的方向移動，亞伯拉罕拒絕跨過橋而被賈絲汀痛打時，她注意到天蠍座的主星不見了，這顆天蠍的心臟，星宿二，亮度是太陽的65000倍，在她婚禮開始前，她還特別留意到的，它是目前已知宇宙中體積最大的紅色恆星，這樣巨大的母親是如何不見的？還是說，她老早就不見了，只是人們希望她還在，如同失落客體的事實得藏在層層防衛之後，如其崩塌得要770年後才能讓人知曉？誰看得見呢？地球上或者M星上，誰離心臟比較靠近？

當Melancholia 來臨，我們能逃去哪裡？

　　Melancholia是顆遙遠的流浪星球，躲在太陽後面，突然出現在我們眼前，先前如科學家所計算的，沒有撞上金星與火星，且它將只是掠過地球。當我們望向太陽，是如意識所見所及，但當M星從太陽背後繞出來，就像過去的失落流浪許久，於今是要返鄉一般從潛意識浮上意識，彷彿我們試圖以前述方式看見的憂鬱一

般。那麼我們要問，為何屬於意識的失落憂鬱要流浪呢？或許可以這麼想，在生命早期有許多無法被未成熟自我解釋並接受的事，它們往往與本能衝動有關，為了讓心靈結構不受這些衝突影響，這些衝動會被潛抑而遠離意識；然而，自我必須為他們找到新的渠道，好讓潛抑的堤防不被沖垮，這讓原本應該要灌注到客體的能量力比多，反向於這些客體地往其他方向而去，他稱作「反灌注」（anticathexis）。

佛洛伊德的觀察，「反灌注」有兩種方向；由內發起：透過被激起的內在感知所帶來，因而要對抗的是這種內在的感受，透過反向作用改變自我──使用過多的愛來壓抑對所愛客體的恨，甚至可能轉為對自己的恨，或者沒有愛或恨的虛無。由外發起：透過那些勾起與潛抑相關事物的客體所帶來，因此自我將非常警覺，限制自己落入碰觸這種感知的處境，而若不幸發生，自我也會撤回對這些事的注意力。電影的兩部份，描述的事情乍看沒有關連，但圍繞在M/melancholia之上，一則由外而內，一則由內而外，像極了哀悼與憂鬱的差別：變得貧乏且空洞的，在前者是世界，在後者則是自我。如今我們看見了憂鬱、M星已經來到眼前，

憂鬱會變成什麼呢？過多的痛苦即可能導致憂鬱，而痛苦是失去客體的確切反應；面對尚未發生（失去客體所勾起）的痛苦，亦即痛苦的可能或危險，焦慮是其反應，然而，為了不去注意痛苦，焦慮將認為自己面對的是失去客體本身的危險。畢竟關注於焦慮將有事可做——如克萊兒和約翰忙著各種災難前的準備——而失落的苦卻是難以掌握，連語言和慰藉都難以觸及。

放棄所有情緒與慾望，或是努力找尋解方與答案，這兩種企圖都是難以動搖的，像是這些「阻抗」後面都有強大的力量。在《不完美的分離》裡提到，有一種阻抗，關係著內在現實與外在現實之間的界限，不輕易退場，否則就像是揉合了這兩者，製造像是白晝的噩夢；此處阻抗就像個體，強而有力地活著，而它的退場便猶如本人的死亡。這也說明不是要當事者平靜不要做任何事就會好了，安靜下來的死寂可能是更恐怖的情境，這使得焦慮和掛心於某事變得很重要。就好像前面所提到觀影時對於不適的緩衝措施，如溫尼考特觀察到，嬰兒可以將愛與恨轉交由吸吮手指、咬指甲，藉此他得於潛意識面對——象徵著失去對客體控制的

幻想——對外在客體的愛的挫折，以及挫折可能帶來的恨意與毀滅，藉此保存外在客體。

在精神分析探索的過程，我們專業職人的工作是在移情裡與阻抗往來，再試圖推測潛意識的客體是以何種形貌存在：

「……移情有一個幻覺的能力：它讓客體呈現，它讓客體在場，它將之建立，卻無法見到它這行為的本身，創造了客體的在場。」（《不完美的分離》p.108）

這齣潛意識的雙人劇雖然不斷重複，冥頑不靈地訴說著客體不曾在場，而移情持續說它想說、做它想做，像是已經有了自己的生命一般，與失落的主體儼然二人，如蔡榮裕醫師在《不是想死，只是不知道怎麼活下去：每個孤獨，都有自己的個性》中，討論孤獨時的側寫：

「他依然活著，過著日常生活，但是他的內心裡，有些地方已經在當年的失落和失望裡，死去了；失去的不只是外在客體，也有自己的某些部份跟著死

去，但是以銅像的方式存在——過去就像銅像的自己。他替自己膜拜自己的銅像，這個活下去的自己，卻可能在路過自己的銅像時，遺忘了當年的故事。當年的『死』，是以什麼方式影響著他呢？」

回到《不完美的分離》繼續描述對這個自己膜拜自己的移情：

「（移情）重新造出我們掌握不到的，重新造出現實的失落，隨著語言、以及口語帶入感知中的意義的缺陷，所出現的失落，這移情，它不是用字詞說出，它逃脫言語及思維，它本身幾乎不是一種言語，它讓一個未知的、負向的現實變得在場。移情不是一個行動中的回憶，而是一個行動中的失憶，一個無意識動能的再生......」（p.112）

雖然異常陌生，M星帶來的毀滅如此巨大與真實，使人感到痛苦並且想要逃跑，但也只有透過在場（就如憂鬱透過電影與我們的觀

看），來讓我們理解現實中，缺憾被固著於受傷的那刻，在那裡，無論母嬰雙方，都還沒能擁有足以描述這個創傷的語言，因此現下在場的我們只有停止否認，並無條件地接受這個缺憾就是移情本身，面對這個白色空洞，重新感知那些難以用語言形容的、未知的意義，再努力尋找適合描述的語言，慢慢逼近，在這痛苦的過程中忍受它的矛盾，「將一個負向特質、一個失憶、一個缺席，轉化為在場。」過往客體的缺席遂可逐漸從時間長流裡剝除，取而代之的，是我們的在場。

要跟著地球，在這顆象徵災難與憂鬱的 M 星撞擊下消失了，我們選擇去哪裡？

我知道我們是孤單的，678顆，我就是知道

受訪中，導演提到，克絲汀・鄧斯特飾演的賈絲汀患有重度憂鬱症，「她整天都在夢想着海難和船隻失事，夢想着自己能夠沉入海底死去……災難降臨的時候，賈絲汀感到自己的夢想就要實現了。」他認為，「當災難來臨時，憂鬱症患者們能比普通人更淡定，他們不會驚恐，反而會對普通人說：『我之前跟你說什麼

來着？』。當然，這也是因為他們已經沒有什麼可以失去了，不像普通人還有那麼多糾結。因此他們可以淡定而幸福地接受這件事。」

這是你眼中的賈絲汀嗎？或者說面對憂鬱，我們該相信的是什麼？我們應該如克萊兒希望的，在最後一刻到露臺喝酒，聽貝多芬第九交響曲？

「我有整整兩年的時間都非常沮喪，整天不知道在想什麼，或者我什麼都不想。這部電影就是在那段時間裡拍攝完成的，靈感來自於我自己的感受、想法和恐懼。不過這不應該成為導演和觀眾之間溝通的橋樑，我拍電影是想表達出一種接近真正黑暗的恐懼，而不是讓他們來體會我內心的想法。我的電影是這個世界的一部份，所以，觀眾能不能理解它不是大問題。」導演拉斯·馮·提爾在採訪中如此說。這提醒我們，重點在於那種恐懼如何透過影像、聲音和鏡頭調度而再現，而不是導演自己內心的這個想法；這可比擬精神分析取向工作者所陳述的，是嘗試描繪個案所再現的恐懼和失落，而不是我們自己的想法和感受，雖然它們勢必源自於我們，但得透過某種如我們轉譯導演所說的方式看待。

導演也提到，在太陽系裡，象徵憂鬱的是土星；而在我開始找尋電影中星體的資料時，發現它偶然地出現在一篇與星宿二有關的報導，「研究發現了心宿二實際的體積遠比過去預測的大，甚至能容納下土星公轉的軌道。」這裡由占星學的知識出發，一定可以串起更多有趣的聯想，但我想到的是，賈絲汀是在一座橋前，發現星宿二消失的事，並且在同一座橋前，克萊兒的高爾夫球車沒電而停在那裡，那條通往村莊的道路也像通往象徵著真實的眾人的道路，此時封閉的莊園就像是人的潛意識劇碼，面對孤單與失落，我們可以有各種選擇。

　　溫尼考特在《Primitive Emotional Development》中描述：

　　　「……若嬰兒要能享樂，勢必要受以下的苦：原初愛的客體在被愛的同時，無法不被恨。」

　　單只是被愛不會是痛苦的，而單只是被恨也非最痛苦的，最痛苦的應是現實中，無法完美地被愛——也就是愛的同時也會有恨意的狀態——這般的遺憾；這是普世愛的難題，或者僅是

嬰孩式性學（infantile sexuality）？溫尼考特在談論這個愛與恨時，將焦點聚集在客體身上而不是嬰兒身上，像在說明此時嬰兒仍然未能感受自己的個體性存在，因此得透過他者，在如此矛盾的痛苦中想像嬰兒的痛苦；但是他者若要獨自承受這些，這樣的孤單，會被感覺為毀滅還是真實？當賈絲汀知道678顆的答案、M星終究會毀滅地球，面對克萊兒正在面臨的死亡，彷彿在她心裡已經歷過的那些，她能在哪裡？

在《Playing and Reality：Creative Activity and the Search for the Self》裡，溫尼考特對個案說過：

> 「生命中各種事情開展後就都消逝了，這是你死了無數次的死亡。但若有一個人在那裡，能把曾經發生的事還給你，那麼透過這種方式，這些歷程會成為你的一部份，並且不再死去。」

對於這件過於原始而無法思考的「原始苦痛」（primitive agony）不斷在移情裡重演，為了等待某一刻，有個父母、分析師或者在場的

我們，越過阻抗，前來回應，那麼這些事件與客體便能從此復活。

> 「每次吸吮手指提供了有效的、關於原初客體關係的戲劇化，其中客體與個體相同地，都是對客體的渴望，它們都因慾望被創造或被幻想而生；這樣的劇碼在初始之際，是與外在現實合作所獲無關的。」

再回到《Primitive Emotional Development》，某個角度來看，客體與主體之所以能存在，或者存在的目的，都與主體的慾望有關，狹義如自性慾、占有、控制，廣義到潛意識的、投射的以及自我參照的需求；這樣在場的現實客體，終能被自我納為內在客體使用——可以被自我慾望以及慾望自我、或者說自我能夠涵容潛意識的衝突，因而得以撤回投射地觀看他人——能夠「象徵化」慾望，或說「戲劇化」地，讓慾望既真實如戲又虛擬如真。像是我們觀看電影裡的憂鬱所延伸的思考，像是最後賈絲汀的魔法洞穴，能夠在巨大毀滅底下，成為一個跳出憂鬱潛意識劇碼的在場，讓三人手握著手圍起的

圈，如星宿二一樣巨大，容納關於土星的所有
一切。

參考資料

- https://www.merriam-webster.com/dictionary/melancholia
- 小剛說電影，《電影：憂鬱症》。每日頭條 (2018) https://kknews.cc/zh-mo/entertainment/j4lo25p.html
- Kyle，《新的觀測資料顯示，心宿二的半徑遠比過去預測的大》。明日科學 (2020)
- 邑人電影院，《反基督者》：一場華麗的演出及一個華美的悲劇。每日頭條 (2016) https://kknews.cc/entertainment/pllne.html
- Jean-Claude Arfouilloux.《當影子成形時－兒童分離與憂鬱三論》林淑芬、黃世明、楊明敏譯。記憶工程 (2007)
- Michel Gribinski.《不完美的分離》葉偉忠譯，五南 (2009)
- 《不是想死，只是不知道怎麼活下去：每個孤獨，都有自己的個性》，蔡榮裕，無境文化，2020。
- Freud, S. 1917. Mourning and melancholia S.E. 14
- Freud, S. 1924. The economic problem of masochism S.E. 19.
- Freud, S. 1926. Appendix C, Anxiety, Pain and Mourning. Inhibitions, Symptoms and Anxiety.
- Winnicott, D. 1945. Primitive Emotional Development.
- Winnicott, D. 1971. Playing and Reality : Creative Activity and the Search for the Self.

《性愛成癮的女人》
這真的和憂鬱有關係嗎？

王盈彬

看到這一部影片標題：「性愛成癮的女人（Nymphomaniac）」，又和導演拉斯‧馮‧提爾（Lars Von Trier）的「憂鬱三部曲」有關，直覺想像的起點，應該是以文字開始進行最淺薄的連結：一個女人，「因為性愛成癮而憂鬱」，或是「因為憂鬱而性愛成癮」。如果把「因為性愛成癮」或「因為憂鬱」其一當成主體，就來處理性愛成癮，那就不憂鬱了；或就來處理憂鬱，那就不會性愛成癮了。相反的，如果採取一種隱喻的角度，把「而憂鬱」或「而性愛成癮」當成主體，那就反向來處理，似乎也可以解決問題。

但是當你有機會閱讀佛洛伊德（Freud）的文本，就不難再從另外一種角度來切入：

「從經濟學的角度來看，人類本生

活中受虐傾向的存在，是可能被描述為神秘而不解的。因為如果心智過程受享樂原則支配，其首要目標是避免不快樂和獲得享樂，那麼受虐狂是無法被理解的。

如果痛苦和不快樂，不僅僅是警告，而是目標，那麼享樂原則就癱瘓了，就好像看守人在我們的心智生活中，被一種藥物所制止了。」[11]（王盈彬 譯）

如此一來，「性愛成癮」和「憂鬱」都會變成是主角，也就是會共存，於是主題就會演變成，當這兩個主角共存時，究竟會發生甚麼問題；又或者，發生了甚麼問題，讓這兩者共存發生了狀況；又或者，這不是需要解決的問題，是需要去思索的議題，而後是一種相對開放的態度來迎接各種的衍生。

姑且不論這其中可以連結的有幾種因果悖論、歸納或演繹，「憂鬱、癮、性、愛、女人、旁觀者」，肯定成為影片中交纏的主角，而每個主角又有其自身的意識和潛意識，然後意識和潛意識又交錯纏繞，如此豐富的觀前部署，

---

[11] Freud, S. 1924.《受虐狂和其經濟學原則（The economic problem of masochism）》

就暫且先讓直覺帶領著我們前進。

在準備觀影的前一刻，預期會看到甚麼呢？應該會是一部連續動作性愛片，但是會讓人不由自主的嵌入憂鬱的影子，女主角應該具備如何的條件，才能集眾角色於一身？或者說無論是否有什麼情感元素，這些都是人生的一部份，只是被突顯出來觀察，因為一般常會把它們當作不是如此相關的現象，卻被導演把它們聚集起來。

那麼我們能看見什麼呢？或者對我們來說，我們會想要從這些光影和故事情節裡找出什麼呢？

　　塞里曼：「我替你洗衣服。」

　　喬：「別洗我的外套。」

　　塞里曼：「外套挺臭的。」

　　喬：「我的外套由我決定。」

　　喬：「我是個很糟的人。」

　　塞里曼：「我從來沒碰過很糟的人。」

　　喬：「你現在碰到了。」

一、光影之軸

生死如同黑白兩個世界，把黑白用光影來形塑，這道影片的白光，屬於可以見到的影像、思想、文字的流動，或者就是這部電影的主題，「性愛成癮的女人」，充滿了生命力，雖然不那麼盡如人所能想像，但總是呈現出了明確可見的主軸。隱藏在影片各章節之間的跳躍和未被連結的部份，足以讓觀眾填入許多想像，也將帶領我們直視黑暗，甚至是憂鬱的死亡。

在此無意將黑白歸類為好壞之別，而比較像是在意識和潛意識的兩個端點，透過精神分析的透鏡，讓白光中的七彩（紅、橙、黃、綠、藍、靛、紫）呈現，形成了在一個黑白軸向中，我試圖看到的七個分軸向的存在（性愛之軸、矛盾之軸、交換之軸、跨界之軸、探索之軸、憂鬱之軸，改變之軸），加上這個統領前後的黑白光影之軸，總共八個軸向，交映出影片所呈現的八個章節的共構，也把這第八藝術的新生與心聲，展現在觀眾眼前。

不可否認，還有更多的軸向可以被形成，並開展出意義，只是在有限的時間與空間中，

我還是必須以經濟學的原則，從可見的白光，先變成可見的七彩，其他還未被細分的，就留待各位的創意重生。

這七個分軸向的內涵，也就像是影片中的喬和塞里曼的邂逅，從陌生、接觸、探索、理解、失落的過程中，所呈現的細緻的運作，像一般人從陌生到熟悉，也像治療師和個案，從坐下來到開始探索彼此的過程，平靜的鋪陳中，暗潮洶湧的情緒和潛意識，正在尋找自己的路徑前進或迂迴。而兩個端點的接近，是黑白軸向的本能靠近。

影片八個章節的前進，有導演的想法作為標題，不難找出一些醒目的運作元素：小孩身體的探索前進到初性的探索和冒險（成長與性）、以性為出發的愛的探索（性和愛）、以愛包裝的性和以他人角度端視的破壞（性愛和破壞）、父親的死亡和性的反應（性愛與死亡）、初性初愛的感覺驟逝和準備分裂（性愛與受苦）、以苦找回性卻失去愛（性與愛的解離）、為了大眾的眼光接受治療（性與癮）、被接納也被誤解（揭露與危險）……等。

然而，隱藏在這些醒目背後的隱性運作，正包含了接下來準備上場的七個分軸向，就讓

我們從性愛之軸，開始出發。

二、性愛之軸

這一個分軸的故事從女主角的小時候開始，父親重複在森林介紹樹木的一幕幕，那棵與眾不同的光臘樹，在夏天樹葉茂密和冬天凋零樹幹的對比，如同百樣的性和靈魂的愛，隱身從有葉到落葉，直到有種子被發現，交織在一幕幕的性愛探險中。

兩歲的喬發現了自己的性器官，與兒時玩伴在鎖上門的浴室裡，裸著下身感受與濕滑地板摩擦；上學時，體育課教具上的「結」，被女孩用兩腳夾住，有了「感覺」，一種被大人稱之為「快感」的感覺；十二歲的校外教學時，有了自發的性慾；在成人世界的火車廂裡，與友伴玩著性的競爭遊戲；之後有了愛、有了小孩，彷彿像一般人一樣。

小女孩發現的一種「感覺」，被大人的互動方式，而潛藏在隱約的輪廓中；或被父親的教科書，詳盡的科學描述著，那是一種神經運作的方式。好奇中，也或許是刻意而不經意地被父親的眼光注視著，被母親的眼光忽視著。

一種成就的榮耀，或是一種過熟的羞愧，這兩個點，鑲嵌在女孩的發現和困惑中，都可以再擴大出一些自己的層次，也有著女孩自己偷偷摸摸的嘗試或躲避。

佛洛伊德主張，這種對於性的好奇和身體的體驗，是人的好奇心的重要起點，而這種好奇心的養成過程，如同影片裡所呈現的，是一個無法完全公開的私密世界，因此我們仍很難完全清楚，為何有些人後來會採取不同的走向來處理這些經驗。

其實這些光影和情節，如同佛洛伊德主張的，不論大人世界是如何說明人是怎麼來的，孩童都有著自己的想像將其建構起來，是一種專屬於孩童自己的性心理學。牆上的蚊鉤、釣魚的進階，勾勒出喬和男人之間，如一種理智般的探弄著的人性或魚性，中文或稱為另類的「魚水之歡」。也許可以說，有著性本能的存在，但是可以用一種帶有距離的理智，操作這一個本能，不過這種理智在面對那些言外之意的世界來說，畢竟仍是有它的侷限，如同溫尼考特（Winnicott）描述，嬰孩主體對客體同在（object related）和客體使用（object used）的兩端中的光譜：

「可以觀察到的發展順序為：一、主體與客體同在。二、客體在過程中被找到，而不是被放在主體的世界裡。三、主體摧毀客體。四、客體從摧毀中存活。五、主體可以使用客體。」[12]（王盈彬 譯）

　　主觀客體經過被主體發現、被摧毀、從客觀現實中重現、而後可以被主體使用，猶如喬對性的經驗歷程，性的感官（情）和性的感知（理）交錯地運作在主角身上，還有以語言的呈現，呈現語言的肢體舞動，一個一個開關被啟動，也被關閉，連結起兩位素昧平生的喬和塞里曼，那一個從暗巷到雅居的夜晚，最後結束在黑暗中的槍聲中，槍的子彈貫穿了甚麼，也許是某一個主角、或是黑暗，或是開啟了新的謎團，每個光影和故事，像是要給個答案，但是每個答案的背後，卻又再出現另一個謎題。

　　在性愛成癮的外衣下，這其中隱含了主體

---

[12] This sequence can be observed: (1) Subject relates to object. (2) Object is in process of being found instead of placed by the subject in the world. (3) Subject destroys object. (4) Object survives destruction. (5) Subject can use object.

的追尋與發展——性別的、小孩的、青少年的、成人的。在這過程中，有一些權威的參與，或是威權的控制。把權威和威權做一個區分，可以從這樣的角度出發：

「權威是一種信念的存在，存在一種溫柔，是順著感激的軸向而產生的一種次發性情感；威權是一種教條的存在，存在一種殘酷，是順著忌妒的軸向而產生的一種次發性情感，由死亡本能灌注。」[13]

　　一部份的喬在追求主體性，在旁人看起來的混亂中，自己循著性的主體性前進（自己身體的感覺、父親的關愛、母親的淡漠、父母間的秘密......），其中遇到了很多性的權威（兒時玩伴、一夜情的人、治療專家......），但是也被權威中的威權所困擾或挫折。性，於是沾染了許多莫名的顏料，回頭吸附了許多在性以外的原始存在，像是醫學的治療團體、樹葉的記錄本、成為人母......。

　　當我們把性別發展，從生物端、心理端、

13 Stitzman, L. （2004）. At-one-ment, intuition and 'suchness'. Int. J. Psycho-Anal., 85（5）:1137-1155。

再到社會端的脈絡仔細鑽研，可以發現，我們自以為的性，已經不只是我們所以為。

　　「生理解剖學決定的是愉悅，而非命運或是認同（Anatomy determines pleasure, not destiny or identity）。」[14]（王盈彬 譯）

　　影片其中一個章節，是三個男人在父親譫妄死亡後出現，一個代表的是生，一個代表的是死，生是溫柔被照顧的基調，死是狂野被噬咬的澎湃，最後一位代表是初性之人，也以為是初愛之人，卻因為霎那間逝去的感覺，成為恐懼的開始。為何「性的祕方是愛」在這時候失效了，恐懼引領了下一個階段的開啟。

三、 矛盾之軸

　　「愛（love）是你不曾要求的事」、「情色（erotic）是我對男人的要求，甚至是需求」，這些是喬的矛盾；「為需求而性，為慾望而性」，也是矛盾；父親死亡時，流下了慾望的

---

[14] Young-Bruehl, E. （2001）. Are Human Beings "By Nature" Bisexual ?. Stud. Gend. Sex., 2（3）:179-213

慾水，矛盾羞恥的感覺出現；「相信我或是不相信我，哪一種會得到最多的故事，當然是相信」，也是矛盾；撫慰之書，一本樹葉的總和，並非以性來言語；性愛成癮，擁有過許多的男人，卻伴隨寂寞；以為擁有很多性，其實是在拼圖，想用「性」合成一個唯一的男人，結果是矛盾的收集......。

起始是一種孤獨以及想像，不過這種孤獨並不是精神分析師溫尼考特所描繪，在有客體存在下可以孤獨的能力，何以有這種差別呢？她內心的狀態，好像是孩童，在某個階段看見東西就要親手拿進嘴巴來嘗試，那是什麼？而她是藉由身體的刺激，來認識這個世界和自己，她對自己是如此陌生，好像自己是迷失在自己的土地上，也像是捉迷藏時藏得太好的自己，在別人都走掉後需要一直找尋刺激來發現自己，把自己找出來給別人看，但是別人卻都是無法看見自己期待別人要看見的。

為什麼父親死亡前，喬如平常人般的難過與不捨，也憤憤不平的鼓起勇氣，述說著被父親原諒的懼怕醫院的母親，然而，接下來父親的譫妄、混亂，襲擊了喬的堅毅，恐懼隨之而來，在面對死亡的那一刻，淚水不見了，反而

在大腿間流下了屬於女性的性液，那一霎那間，混雜的身體語言是甚麼：緊繃、麻木、身體性反應......；混雜的情緒語言是甚麼：悲傷、痛苦、錯愕、害怕、羞愧......；混雜的想法是甚麼：我很難過、我很痛苦、這是性慾嗎、別人如何看我這種不尋常的反應......。這些矛盾的處境對於一般人總會構成某種挑戰，畢竟死亡和性是兩種極端的存在，不過卡謬在《異鄉人》裡男主角被審判的原因之一，在於他在母親死亡後，還和某個女人發生性關係，也許是荒謬，但是這種荒謬是否有著某種必然，如同是生命的一部份，而喬在父親死後的反應裡，呈現的性和死的接近，可能遠比我們所想要知道的還要親近，不然在我們的語言裡，不會以「欲仙欲死」來描繪性高潮，不過這總是和意識的道德感是如此衝突，因此性和死的關係就此被鴻溝化了。

以理智來處理被大眾認為應該是很感性的元素；即使在喬的心中，感覺她還在困惑著，七歲的手術經驗有一種孤獨，十二歲的自然高潮也有一種孤獨，到底是甚麼？即使已經各自發展出影片中提到，如基督教般因為一些紛爭而分裂成的東西教派——東正教派以聖母和聖子

為象徵，「是幸福的教會，你會覺得你脫離了罪惡和痛苦，走向喜悅與光明」；西教派即是天主教，以耶穌被釘在十字架上為象徵，「西方教會是受苦的教會」——這個困惑依舊似有還無的在尋找落腳之處。在深刻的痛和興奮的性之間，是如何在尋找出路，孤獨和寂寞，又各自找到了甚麼出路？

四、交換之軸

反覆交替慢慢鋪陳出來的內心戲，可以清楚的在電影中的對話脈絡中看到，但是我著眼於這兩個表層看似平行時空的人物，一個很性、一個很不性，又如何讓這兩個人可以談上一整夜的話？是在交換彼此不同的聯想經驗，就像是一種心智的交流或探索；或是在被動尋找可以恰好密合的鑰匙和鎖孔的配對，這像是一種性慾本能演化的驅使，又或是「性化」的生之本能的自然開展，又或是「去性化」的同理支持，又或者是更多其他的組合重疊。有一種直覺帶領著兩人，不盡然是在找伴侶，而是在普羅大眾可以見光的群體概念中，也許因為他們都是異類，因而有著同類的旗幟。

塞里曼自稱無性，總是很理性的面對一切，也有很多理性的融會貫通，性，在自己嘗試後，決定了不是他感興趣的重點；喬，一個自稱有性，但是從「有感」到「無感」，很瘋狂地想要找回重要的感覺。男人幫忙了一個生命，也幫忙了一個女人，但是，是生命還是女人引發了男人的同情或好奇？一個女人被男人注意到，只需要一杯奶茶的幫忙，是男人還是奶茶引發了女人的探險？

　　我無意說，因為精神分析自從佛洛伊德以降，把性學，尤其是嬰孩式性學（infantile sexuality）當作是重要焦點，那麼就只要以性學來觀看這部電影？擴大來看，倒覺得這部電影生動地把原本在不自覺的潛意識裡發展的故事，用慢動作般地刻劃出來，幫我們看見了原本是什麼也看不見，卻影響著人的行為和感受的各種因素。

　　也許也可以使用「意符（Signifier）」這樣的概念來聯想：

　　「意符（Signifier）是拉康（Lacan）從索緒爾（Saussure）借來的概念，是來自任意與意指（signified）連結的符號

（signifying）系統（例如口語或書寫單詞）的元素或單元。意符與意指一起構成了索緒爾（Saussure）設想的訊號（sign）。對於拉康來說，意符主要涉及口說語言，因為它可以治癒自己。治癒的重點不是單詞的意義，而是不同意符之間的關係，即使這種關係有時會產生特定的含義。

就潛意識而言，就像語言一樣，分析師可以通過語音識別特定的單詞，並允許被分析者主體以這些意符工作，從而為新的潛意識材料創造空間。通過這種方式，一個意符代表另一個意符（潛意識的）的主體，這意味著該主體僅存在於兩個意符之間的間隔中，而分析師是認為，意符們的存在是假定有一個連接它們的主體。」[15]（王盈彬 譯）

當喬掃視塞里曼的房間，發現了一幅畫，這畫就像一個「意符」，指向一個「意指」，這「意指」的內容由塞里曼提供，於是這一個「意指」又形成一個「意符」，指向一個「意

---

15 Skelton, R.（Ed.）.（2006）. The Edinburgh International Encyclopaedia of Psychoanalysis.

指」，接下來這一個意指由喬提供，如此循環，明顯地，所有的「意指」都屬於喬和塞里曼各自不相干的人生故事。但是「意符」之間的連結，卻把這兩個人串接起來，這一個潛藏的主題或主體是甚麼，即使尚未明朗，但是無疑地，是在一種不斷交換的狀態。也許就像是在分析治療室中的兩方，互為主體的傳遞想要試圖接近的動能，當然也有可能是想要「一起」避開甚麼的動能，因為「一起」，所以變成一致。

五、跨界之軸

　　跨界對話需要有的姿態，可以由影片中教我們的開始，當然這影片不是在教，但是觀看者可以以如此的角度出發：我們只是在摸索，如同當年佛洛伊德從文學藝術等引進故事，來幫忙說明他對潛意識的發現，但在他的時代，電影仍不足以被當作是有文學藝術那般地位，但此刻在，繪畫、雕塑、建築、音樂、文學、舞蹈、戲劇等七大藝術外，電影被稱為第八藝術了，我們相信一定有什麼值得我們用來說明發現潛意識的某些內容。

影片中不時看到女人用語言告訴男人，禮貌又有些焦慮憤怒地表達著自己的感受——男人其實並沒有認真在聽女人講話；男人也在禮貌中帶著焦慮著急的表情，對話是存在的，但是男人也尊重女人，甚至在準備表達自己的想法時，先請求女人的准許。就這樣，不疾不徐的連接詞，把天南地北的兩個人，慢慢用一種感受性的態度和語言連結起來，即使女人很性、男人很不性。這是很巧妙的安排，有些像是精神分析取向診療室裡的模樣，只是男人的對話和回應是否如同精神分析，這在不同學派學者會有不同的觀點，不過就語言的交流來說，如何觸及「性」這種原始的慾望，總是耗時費力的大工程。

講好的跨界，就像是喬找到身處公寓房間中的男子K，在彼此意識同意的架構開始，不分享內心，只處理因此而產生的感官需求，一個願打一個願挨，可以直接進入很深刻的「治療」，像是一種被邀請的痛苦，目的之一也許是希望恢復不痛苦，還有恢復「性」的感覺，如同個案來找我們時的期待，但是也看到了未知所帶來「目的」的失控和「治療」的變形，需要不斷再重新去塑造如溫尼考特所細究的「促進性的環

境（facilitating environment）」。這是溫尼考特很重要的論述之一，有很多互援的說法包括「抱持的環境（holding environment）」，「恰恰好的母親（good enough mother）」等，重點是這個「恰恰好」的環境，是可以「促進（facilitate）」嬰孩的成熟歷程。

根據溫尼考特的說法，「促進性的環境」就是「恰恰好」的環境，可以促進成熟的過程，概念上像是一種亦步亦趨的搭配，換成現代用語，類似一種為了自然的成熟趨向而不斷「客製化」的環境。這樣的促進環境，本身並不能製造成長，也並非可以決定成長的方向，而是在本能漸漸成熟中的嬰孩所不斷變化的需求上，順著調整給予的樣貌，並隨著嬰孩的成熟，這個環境會漸漸淡出。

「對一個嬰兒而言，成熟過程只能在一個促進的環境下生效。在生命的開始時，對促進性環境的研究，和對個體成熟過程的研究，發現兩者的重要性幾乎一樣。成熟過程的各種特徵是有著朝向整合的驅力存在，這意味著隨著嬰兒的成長，有些東西越來越複雜。促進性環境的特點

是適應嬰孩，適應從幾乎是百分之百的比重分配開始，並根據嬰孩逐步走向獨立的部份之各種新發展，漸漸減少環境分配的比重。當促進的環境足夠好時（這總是意味著有一位母親首先來承擔起嬰兒照護的工作，而後逐漸地，也只能逐漸地，再重新回頭主張自己是一個獨立的人），那麼成熟的過程就有機會實現。結果是，嬰兒的人格首先在自我支持（母親的適應）的保護傘下，成就了某種程度的整合，並且隨著時間的推移，這種成就越來越能站穩自己的腳步。」[16]（王盈彬 譯）

沒有講好的跨界，就像喬和給她一杯奶茶的塞里曼，彼此進進退退的拿捏看盡看深的分寸，甚至要以毫米計較，來享受分享的快感，避免爆炸性的慘劇，避免所有激烈感官的刺激，僅能以語言述說著，看起來溫和而安全，即使最後的畫面結束在黑暗中的槍響，我們似乎也還在以溫柔的方式延續著。

---

[16] Winnicott, D.W. （1965）. The Maturational Processes and the Facilitating Environment: Studies in the Theory of Emotional Development.

分成章節的方式，像是一種重點整理，但是橫跨在章節之間，如同「逢魔之時」，時間很短，如何能夠吸引彼此的目光成為必要之惡。講述人生和生死，好長好細，性高潮沒了，性慾如何？又或者搬出音樂、宗教，已然成型的專家理論，顯然是一種可以採取的策略。這一部電影長於一般，卻又可以讓人意猶未盡，分段咀嚼，也許是導演精心的安排，又或者，要深思反芻這些寓意，自然需要一些可以維持身體大腦能量運作的下課十分鐘，因此產生了一個有趣的課題：當我們宣稱要在電影和精神分析之間搭起交流時，是否精神分析的文字只是減少了愉悅，這是必要的嗎？或者也是人性裡必要的一環，只是精神分析師需要知道這個命定的角色，特別是當我們宣稱要以文字和說話來翻譯內心深處的謎題。

六、探索之軸

如何看待這部電影裡的受苦，以及呈現出來的性呢？兩者只是湊巧發生在同一人身上，或者它們有著深刻久遠的關係？這種關係好像住在同村莊的人，在遭受飢荒時搬離了老家，

各自散居到不同地方，但是後來他們在某個地方相遇，卻相互不再認識與對方曾有的關係，尤其是當初的心理創傷經驗如何被述說，然後兩方可以在說故事的過程，逐漸感受到他們其實來自同一個地方，雖然他們對於那裡是什麼地方已沒有印象，更談不上那是什麼村名。

　　而我們如何看待自己述說這部電影裡的故事呢？你們可以想像我說的這部電影的故事，如同某些人當年承受的災難和受苦，是以此刻看來完全連不上的身體「性」活動來呈現，雖然我有著自己的方式來述說，但我試著先從人類學家的視野來看：

　　　　「田野其實也是『故事』；研究者『走進』別人生活，企圖『說出』一個好故事。只是在這個過程中，不可避免必須面對許多知識養成過程中，甚至是個人成長、人生裡的疑惑，與思考。所以田野不可能只是『工作』，田野的理想是透過經驗的接近，而能用不同的眼光了解對象。所以田野也不可能只是『工作』，因為田野的過程勢必會或多或少轉化研究者對知識、對世界，甚至是對自我的認識。田

野，其實是一種理解的過程；理解他人、
理解世界，以及理解自己。」[17]

　　「性愛」和「憂鬱」在導演的安排中，巧
妙的從兩個極端的盡頭，奔馳往聚焦會合的交
錯點，這是原本就一起存在的嗎？雖然佛洛伊
德說，生和死的本能是二元存在，從一開始就
是，這也是他在臨床個案中，慢慢發現到的重
要結論，然而在生死之間，要以如何的對話，
讓對話足以跨界的連接生死，而不顛覆生死？
佛洛伊德在《有止盡與無止盡的分析》裡甚至
說，「生命的璀璨是由於生的本能和死亡本能
的交織」，但這是什麼意思呢？它們是無聲無
息的交織，但是我們說的故事和看見的，卻是
有聲有息的內容，要如何理解佛洛伊德這句
話，或者這句話如何影響著我們宣稱的分析的
態度呢？又甚至，這個跨界的語言，一直都存
在，只是主體性游移在生死的表徵之間，就像
我今天存在的位置，在精神分析和電影的對話
中，我應該以如何的配置存在，才可以「舒
服」、「不痛苦」而有「創造力」的敘說「我

---

[17]林開忠等合著，《田野的技藝：自我、研究與知識建構》，左
岸文化。

的發現」，然後被一個「想懂我的人」所「看到」。這幾個引號，換成是精神分析的語言，可以有很多主流學派的思考、論述、技術層次的發展；換成是電影的語言，一樣有著我還不甚熟悉的思考、演技、選角、技術層次的精進演化。

劇中女主角以性對象的方式分出章節，男主角家裡佈置細節扮演的是章節的標題位置，一位純感性、一位純理性，到底誰在誰的面前會感覺到不自在、甚至被羞辱、甚至是驕傲？雖然他們彼此在各自的社會生活中，也都被這些所苦，卻也不免在這個新的對談中，展現出這些苦的層次和層次之間的強弱，儘管他們已經努力地在避免了。看戲的我們，當這部電影被列在限制級，又會是如何的想像運作？我們可以不受驚嚇地欣賞，甚至可以思考，但是如果我們習慣地套用心理學的概念，我們化約簡述的內在小孩，又會是如何在這一幕中發聲？這個「限制級」的存在，如同分析取向治療的界線一般，明確地把對潛意識的探索，保護在一個安全的設置中，暫時關閉外在現實運作原則的干擾、甚至是威脅，而可以以潛意識存活再現的運作原則，慢慢地釐清屬於潛意識的探

索，以及存在意識與潛意識間的各種糾葛，其中也隱含了忍耐和受苦。

是憂鬱中的性，還是性中的憂鬱，還是兩造中互通有無？身體的性和心裡的情，用可以貫穿身心的「慾」字連結，慾又有自己的生命！精神分析談「生之本能」，是由佛洛伊德從意識上的症狀或通往潛意識的夢的解析[18]，慢慢找到潛意識的運作，然後把「自我」分出「本我」，再把「超我」編制出來，處理發現的「生之本能」之外，還有「死亡本能」的參與，讓症狀無法消除，成為一種愧疚感的象徵存在，這是純心智運作機制的規劃，然而身體的部份依舊是必須考量的，那是驅力（drive）和本能（instinct）的分別或融合，一個是從身體來的能量展現，一個是精神上接收了身體的運作所表徵的能量。

我把中文世界的「慾」放進來想，「慾」同時是身體的肉慾，也是心理的情慾，也可以是物慾、恨慾、無慾、性慾……。憂鬱存在的樣貌，有著心理層次的情緒語言，也有著生理層次的身體語言，也有著文明技能的文字語

18依照漢娜西格爾（Hanna Segal）的論點，是分析夢的過程通往潛意識的皇家大道，而不是夢本身通往潛意識的大道。

言。簡約地連起來，慾是生之本能的前進，憂鬱是死亡本能地前進——當年克萊恩也把死亡本能幻化為攻擊或是破壞的慾。當求生不死的狀態無法達成平衡，前線部隊的各種防衛交織成為火網，敵人或夥伴必須在那一瞬間決定；成功了就多防衛一陣子，失敗了就退後一陣子，也許「癮」是一種呈現的形式。於是當初那個和死亡接軌的失落，慢慢地被發現。必須慢慢地，因為太脆弱，可能一觸即破，也可能同歸於盡。

　　電影在黑暗中的槍響及匆忙的腳步聲中結束，喬和塞里曼從陌生開始，一杯奶茶的邀請，從塞里曼的房間佈置和話語中，把喬的經歷，探索出秩序來，也許可以這樣說，在影片中的人物裡，塞里曼是最完整認識喬的人吧？那些隱藏在喬的性底層的感知和探索經驗，塞里曼用一種尊重及同理的聯想，讓喬一個一個故事說下去。最認識喬的陌生人，最後用了喬的癮來滿足自己最底層的慾望，這是一件恐怖的事吧？卸下一身盔甲的喬，如何禁得起？塞里曼也在不知不覺間卸下了一身的盔甲，又如何擋得住？

　　「性」愛成癮和被「性」侵犯，都是「性」，

卻有著不同的命運。當喬不斷在「性」的成癮行為，好奇、競爭、追尋、痛苦、禁斷……，到遇到塞里曼後，述說著「性」的故事，然後被塞里曼「性」侵犯。「性」如同佛洛伊德提到的多重意義（over determination vs. multiple determination），需要費好一番功夫才能辨認出其所處在的位置。

「潛意識的形成（症狀、夢境等）可歸因於多個決定因素。這可以通過兩種不同的方式來理解：a.正在討論的形成是多種原因的結果，因為僅憑一種原因是不足以解決的。b.這種形成與多種潛意識元素有關，這些潛意識元素可能以不同的有意義的順序組織起來，每種有意義的順序在特定的詮釋層次上都有其自身的特定連貫性。後者是最普遍被接受的一種解讀。」[19]（王盈彬 譯）

當「性」不是和愛同調時，可以成為很多情緒的主動偽裝。而當「性」和愛同調時，有

---

[19] Laplanche, J. and Pontalis, J. B. （1973）. The Language of Psycho-Analysis

愛的「性」是不容侵犯的，或是說是承受不起
會破碎的碰觸。

七、 憂鬱之軸

　　也許最重要的疑問是，何以這部以性愛成
癮為焦點的電影，卻被導演歸類在「憂鬱三部
曲」的第三部？也許可以簡化地說，導演有個
想要呈現的簡單軸線，這位女主角是憂鬱的，
而性愛的行為只是她讓自己活下去的某種方
式，那麼我們需要把這種生存下去的重要方式
當作是癮，所以需要幫她治療？我倒不急著這
麼想，而是先回到她的內心世界來想像她需要
這些，那麼放掉這些後的她，要如何活下去
呢？畢竟社會的評論或心理的判斷，就算她硬
是吞了下去，並沒有保證她就可以活得更好；
她的心智架構，多年來早就和內在世界與外在
環境之間環環相扣，我們常常忽略牽一髮動全
身的經驗，因此不可能在短暫時間裡，為符合
新想法而調整運作，甚至我們從精神分析取向
的工作來說，也無法保證。再深入想像她何以
需要這樣做，也許使我們更有機會了解人在面
對早年創傷失落後的風景，而她的故事能夠讓我

們認識什麼？

吳念儒心理師在《愛，癮「性」埋名》裡談論這部電影時的結語：

「最後，以電影的後半段故事作為結尾。喬跟塞里曼提到一次討債的經驗，她說她費了非常大的力氣試著誘惑某個男人，但任何性慾望、性癖好的形式，這個男人就是不為所動。喬靈光一現，開始描述一個關於孩子的影像，原來這個男人的性癖好的對象是孩童。男人聽到十分羞恥地，哭著並央求喬，不要再說了，他會還錢。因為他的性慾對象是孩童，塞里曼聽了，表現出對這個男人的厭惡。然而，喬說，她非常同情這個男人，因為自己於世間所不容的慾望被揭露了，她認為她掀開此事，可以說是摧毀了這個人。因為這個男人沒有告訴任何人這件事情，可能連他自己都不知道，喬說：『這個男人成功地克制了自己的慾望，他從未向自己的慾望投降，直到我強迫他這麼做，他生活在自我否定當中，且從未傷害任何人，我覺得這很值得讚揚……想想他們受的痛苦吧，

性慾，是人類最強烈的力量，天生就不得
　不追隨禁忌之愛，一定是很痛苦的。那些
　寧願生活在自己的羞恥的慾望中，也不付
　諸行動的戀童癖者，應該獲得獎章。』」[20]

　　當你的閱讀進行到這裡，你感受到憂鬱了
嗎？又或者性愛的情節，還在腦海的某個部位
細細的觀看思索著？那些一直生存在「負的世
界」的癮，現在呈現在各位眼前，不再是
「負」了，但就可以以一種哀悼憂鬱的方式昇
華了嗎？又或是，這個「負」變成了「更負」
的存在？而在這些層次移動的過程中，「忍
耐」和「受苦」成為一種共同被同理的基礎。
　　對於這些苦是什麼，以及它的起源，佛洛
伊德在《克制、症狀和焦慮》（Inhibitions,
Symptoms and Anxiety, 1926）的附錄
C《Anxiety, Pain and Mourning》裡提到的：

　　　「我們對疼痛也知之甚少，我們唯
　　一可以確定的事實是，首先疼痛會發生
　　而且是一件正常的事，起因於，每當有

---

[20] 《從過癮到上癮：癮是心理創傷的答案或謎題？》吳念儒等合
著，無境文化。

撞擊到周圍的刺激發生，會衝破防禦刺激的防護罩的裝置，並像連續的本能刺激一樣繼續作用時，就會發生疼痛。反抗刺激的肌肉動作通常是有效的規則，因為這動作可以從刺激中撤出被刺激的位置，刺激變成是無能為力的。如果疼痛不是從皮膚的一部份，而是從內部器官引起的，情況仍然一樣。發生的所有事情是內在週邊的一部份，取代了外部週邊。顯然，孩子有機會經歷這種痛苦，這與需求的經歷無關。然而，疼痛產生的決定因素似乎與失去客體的相似性很少。此外，對於疼痛所必需的元素，週邊刺激，並非是屬於孩子渴望的情境。然而，言語的普遍使用應該造成內在的、心智上的痛苦，並且把失去客體的感覺等同於身體上的痛苦，這並非毫無道理。」（王盈彬 譯）

喬的性，如同一種痛，經由刺激所產生，但是與失去客體的受苦關聯不大，在面對這些年代久遠的受苦以及累積的無力感，會讓人如何想有力的存在呢？性也許是這裡的一種支撐

語言，這和後來複雜的性活動的關係又是什麼呢？以及會展現出來或壓抑下去的這兩者之間的影響因子是什麼？這仍是一個重要的謎題。

我引述喬絲·麥克杜葛(Joyce McDougall)在《Sexuality and the Neosexual》裡的某些說法作為我們想像的起點：

「我以精神生活的曙光為起點，強調嬰兒與母親的身體第一次感官舒服感（快感）的相遇已經引起了許多精神衝突，這些精神衝突是起於嬰兒的內在衝動與外在現實的約束之間，不可避免的衝突而引起的。眾所周知，在嬰兒的精神存在的這一階段，種種色慾衝動與虐待衝動是無法區分的，我們可能可以稱其為食人愛的時期。隨之而來的是另一種無法區分，即嬰兒的自我與他者之間的區別。會注意到另一個是與自我不同的一個客體或是一個空間的存在，是由於不可避免的挫折而產生的，這種挫折是新來的小人類必然會遇到的，注定會引起憤怒的感覺，然後接續的是在每個養育經驗中，憂鬱的原始形式。因此，我們並不驚訝於在進行精神分析航

行的過程中，發現許多我們可以稱之為『古代的性學』痕跡，在這種痕跡中，愛的感覺與仇恨的感覺幾乎沒有區別。從這種早期的二分法產生的張力，注定要形成所有即將出現的性慾，情慾和愛的表達的重要基礎。」（王盈彬 譯）

性慾，情慾和愛就是如此這般地交纏，雖然我無意說，就是這些主張導致電影裡的性和性衍生的課題。在這裡，憂鬱是甚麼？不能連結，卻本能地想要連結，又或者不能連結卻會有悲慘的結果威脅，或是……。

八、改變之軸

影片中的喬，至少有兩次明確想要改變的機會，一次是在主管不得不的要求下出現，因為她的「症狀」，讓所有公司的女性擔心，喬會和她們的男人上床，喬也有自知之明，她決心要「為了別人眼中的自己」改變。然而，當她看到了鏡子中的小女孩，決定放棄「性成癮者」的團體心理治療，因為對當年的小女孩來說，她跟別人不同，並不是一種錯誤或疾病。

「想想他們所受的苦，性慾是人類最強大的力量，生而具有不被接受的性取向，一定很痛苦，設法帶著自己慾望的羞恥過活，卻從未採取行動的戀童癖，應該頒獎給他，我看到這個男人跟我背負相同的十字架，寂寞，我們的性慾都不被容受。」[21]

　　另一次是在喬說完所有的故事後，她決定要改變，聽完了說完的故事，獲得一種心安的感覺，總要有結果，要當可以克服性慾之人，也許是「為了自己而改變」，可是塞里曼卻在這時候以為她還是一位性愛成癮者，而想與喬發生性關係。

　　改變，會引起情緒的風暴，因為原本的平衡會失衡，隱藏壓抑的部位會反映。回到臨床來說，要確定是什麼因素和處置會帶來真正的改變，這並不是容易的課題，不過人就在這些生命的故事裡找尋出路，導演試著從他的角度，貢獻出一種出路，雖然我們並沒有足夠的理由把他的視野就當成是臨床的處方，不過他

21 《從過癮到上癮：癮是心理創傷的答案或謎題？》吳念儒等合著，無境文化。

所呈現的探索和談話，卻是以具體聲影的方式，提供了我們在語言和文字之外的經驗展現，也許過程裡很多鏡頭可以如夢的分析般來細細追索，不過這也許是各位的工作，我只是在這裡起個頭。

「我好憂鬱，我的性和別人不同」，於是「所有合理的性，都存在憂鬱的影子，必須躲藏起來。」這個不同，從喬的小時候探索開始，存在父親的教科書中，在朋友的合作啟發中發揮，在社會的不容中被治療。塞里曼說，只要把性別換一下，一切都合理了。改變，會顛覆整個宇宙運行的慣性，掀起無數的波瀾，甚至是生死之戰。如同佛洛伊德晚年的提問：「為什麼改變是如此的困難？」佛洛伊德連結的是人類內在的破壞或死亡本能。但是本能的說法是如此難以捉摸，難以理解，或者我們的理解真的就是本能的本尊了嗎？或者我們只能在它的分身上打轉？佛洛伊德創造了不少名詞，例如：自我、本我、超我等，作為帶路先鋒，要引領我們勇敢地走向如喬所掀起的複雜人性。我們作為佛洛伊德的承續者，我們發現還需要更多更細緻的語詞，來描繪我們在藝術、文學、或臨床現象裡的經驗。《性愛成癮

的女人》開啟了一扇窗，讓我們窺探了性和愛的複雜關係，如同精神分析家比昂（Bion）的概念，相對立的不是性與愛，因為性的對面是不性（或非性），愛的對面是不愛（或非愛），在這四個面向裡就足以構成豐富人生。

結論

「這真的和憂鬱有關嗎？」當然是有的，只是這一個相關，並非是如影片名稱，以一種點對點的方式，直線相關，而是以一種層次交疊的方式，孕育出一種不得不開始接受失落的歷程。光影從白到黑，直射「性愛成癮」與「憂鬱」的連結之處，原本看似不可能的連結，在七彩的漸層中，鋪陳了引人注目的光點，再加上時間的流動，這個不可能的斷層中，浮現了接軌的階梯。

從憂鬱的概念出發：

「在他的重點論文《哀悼與憂鬱症》（Mourning and Melancholia，1917c）中，佛洛伊德提出了他對憂鬱性精神病理學的最有系統的討論。佛洛伊德將憂鬱症視為

一種良心疾病，其特徵是感到痛苦的沮喪、對世界的失去興趣、喪失愛的能力、活動能力的抑制。並且與哀悼不同，根據對懲罰的妄想性期待的這一點，痛苦地貶抑了自我。

憂鬱症的自我責備，代表了對失落客體的潛意識敵意，該客體已通過認同過程轉移到患者的自我上。通過這種轉移，憂鬱症患者成功地懲罰了自己和失去的客體。

憂鬱症的脆弱性是基於超我的嚴屬性和客體束縛的本質，這既是高度矛盾的，也是維持自尊心所必需的。當失去客體時，矛盾加劇，針對自我的巨大的攻擊能量被釋放。佛洛伊德的憂鬱症模型，成為隨後許多關於憂鬱症的精神分析文獻的試金石......。」[22]（王盈彬 譯）

喬，一位性愛成癮的女人，「性」與「愛」都「成癮了」，於是「性愛」都失去了應該常態運作的功能，成為一種癮，從精神分析用來探討

---

[22] DEPRESSION. Auchincloss, E. L. and Samberg, E.（2012）. Psychoanalytic Terms and Concepts.

「癮」的重要潛意識機轉之一的「強迫性重複」細究，「性」和「愛」都變成了「症狀」：

「……從實際的精神病理學的層次而言，強迫性重複，是源自潛意識中不可控管的朝向某種目標的進程。由於採取了這種行動，主體意識上故意將自己置於痛苦的境地，從而不斷重蹈覆轍，但同時間，他並不記得這個開始的原型；相反的，他卻有強烈的印象，認為這種情境完全是由當下的外在環境所決定。第二、在闡述強迫性重複的理論時，佛洛伊德將其視為自主義務（非慾望）因子，最終不能被簡化為只是一種享樂原則與現實原則相互作用的衝突動力。歸根結底，可以將其視為本能最一般也最保守的表達。……一般來說，被潛抑的部份，試圖以夢、症狀或行動的形式，在當下『回歸』：……一種未被理解的事物不可避免地會再次出現；就像一個未鬆綁的幽靈一樣，直到謎團被解開並且魔咒被打破，它才能安息。……在治療過程中出現的移情現象，證實了這種被潛抑的衝突，在與分析師的關係中有重

新出現的必要性。」[23]（王盈彬 譯）

　　這個「症狀」或這種「癮」是為了未解開的謎而存在。「女人」也形成了一種「症狀」，或者也因此失去了其原本該有的樣貌，雖然這裡所謂的「原本該有的樣貌」，也還是個無法明確的輪廓。依循著「性、愛、女人」原本樣貌及價值的變形或症狀化，「憂鬱」孕育而生，藉用伊底帕斯情結最傳統的脈絡，伊底帕斯王歷經了與父母愛恨生死的糾葛與察覺，刺瞎了自己的雙眼，放逐自己，離開家園。在佛洛伊德建構的發展歷程中，小孩正式進入對知識理性探索的潛伏期，塞里曼已經鋪陳好的理性架構，或許也正是喬不得不面臨改變的起點。

---

[23] Laplanche, J. and Pontalis, J. B.（1973）. The Language of Psycho-Analysis.

《撒旦的情與慾》
好吧，讓我們一起來認識情和慾！

吳念儒

引述電影名導溫德斯對於說故事的觀點作為對話的參考：

「不，它不真的是懷舊，（說故事）對我來說幾乎是全新的發現。說故事是最讓人安心的事物之一，它的基礎似乎就在於，它讓你安心地確知事物具有意義。就像孩子睡覺前想聽床邊故事一樣，我的意思是說，人們不是真的想知道什麼，他們只是想得到一點安全感。故事創造一種形式，而這種形式讓人安心，於是你幾乎可以告訴他們任何故事——實際上你確實可以這麼做。因此，故事具有非常強大的部份，它能給你安全感、認同感與意義。但對我來說，這種說故事似乎正一點一滴地消失。」

溫德斯是不滿意於電視和電影裡，說故事變得只是佯裝在說故事：

　　「它們經常試著裝得像是故事，實際上只是純粹的形式，背後其實充滿了荒謬與噪音，尤其是那些年輕人拍攝的大多數電影，似乎一定要有很多動作與暴力才能奏效。這種形式幾乎已經取代了古老的故事結構，所以從這個意義來說，確實可以說有著對故事的懷舊，對真的故事、和對故事的某種史詩情感的懷舊。」[24]

　　我不知溫德斯對於拉斯‧馮‧提爾說故事方式會如何評價？或者拉斯‧馮‧提爾說的故事是否真的讓人放心或更加的不安？不過，拉斯‧馮‧提爾的故事的確是充滿了荒謬與噪音，卻是用相當懷舊的方式述說著，那是內心深處的失落和不安時，需要有聲音來讓自己知道自己活著的方式，好像有著安心的情份，但是，由於那種失落和不安是如此動盪，因此同時呈現著不安心的膠著。

---

[24] 取自《溫德斯的電影旅程》，劉森堯 譯，時周文化。

準備這次工作坊的過程，我們不斷討論如何說故事以及說故事的目的，這是為了不讓我們談論的方式，變成只是用現有精神分析的專有名詞來分析眼前的文本，然而這些文本又不是我們診療室裡的病人，我們摸索著如何對大眾說故事的同時，又或多或少要保有我們在精神分析這個專業當中的體驗和期待……

開場白

上一場「癮工作坊」討論的過程，發生過成員無法登入帳號的問題，我曾將此取材作為「癮工作坊」的隱喻。這次團隊處理報名信件中又遇到了一次同樣的問題，Google不給通過登入，要執行認證的程序。後來怎麼處理的呢？並非按照Google的指示進行，而是改成用手機App就可以登入了。我再一次提取這個「Google帳號登入審查事件」作為這場講題的引子——這就像是象徵文明規範的「登入裝置審查制度」被打了一巴掌！

而《撒旦的情與慾》可以說也是這樣的一部電影，所謂驚悚駭人的情節，一巴掌打醒的是人的情慾；人的情慾本來就在裡面，而害怕

這股情慾的恐懼也在裡面。要怎麼處理這兩者？頭埋進土裡擋得住嗎？情與慾就是會另闢道路流出來......，而且，可能更驚悚的是，這些情慾現象，與我們想像中的憂鬱真的有關係嗎？何以導演要以「憂鬱三部曲」來命名它們？導演心中的憂鬱是指什麼呢？和我們想像的有什麼落差？這部是他的憂鬱第一部曲，導演想要打開什麼內心世界呢？

序幕

　　《撒旦的情與慾》（AntiChris♀）一開場，男女主角夫婦正忘情地做愛，他們的兒子翻越過嬰兒床的柵欄，墊著椅子爬上窗檯，窗外是一片白皚皚的誘人雪景；電影畫面緩慢流動，伴隨歌劇女伶所唱的〈Lascia ch'io pianga（讓我哭泣吧）〉歌聲，充滿聖潔的氛圍。允許我帶各位快轉至下一幕，這對夫妻悲慟地參加兒子的葬禮，暗示著一對夫妻（同時也是父母）在享受兩人的性愛時，付出的代價與失落？這場序幕似乎一開始就呈現了慾望和滿足，相對於死亡與悲劇，兩者互相關聯存在嗎？情慾是有罪的嗎？在這裡似乎展演著情慾

與死亡之間相距咫尺，情慾流露，死亡威脅隨即緊跟在後；死亡，象徵著生命是注定要走向失落一途嗎？

電影序幕的暗示性如此強烈，我們試著在這裡按下暫停鍵，不要急著把這幾部電影看成是歷史的事實，不要類比社會新聞那般看待電影要說的事情，因為一旦進入所謂事實的判定，就像是思考的死亡一樣，理解、連結的慾望會狠狠地被澆熄。聽出來了嗎？我簡直自打嘴巴，因為把夫妻之間愉悅享受的性愛，狠狠打入地獄的，不就是導演自己嗎？或許殘忍的「接續生，連著死」會被放在「憂鬱三部曲」中，是有著值得去細想的事情，我試著以這篇文章捕捉關於憂鬱的萬千樣貌。

相對於「歷史事實」（historic truth），也有著「精神現實」（psychic reality）的存在，我要談的就是以「精神現實」為主，它所指的是潛意識不被自覺的領域，甚至常常不是意識可以理解，會讓人覺得怎麼這麼不可思議？我就從「不可思議」著手，看看是否在我的說明之後，能夠稍微可以思議些。

一般會覺得憂鬱就是缺乏動力的狀態，怎麼導演會把情和慾的展現當作是憂鬱呢？是導

演誤解了憂鬱是什麼嗎？或是憂鬱原本就是一個複雜的現象，它是由生物學、心理學和社會學的因子，共同運作後組合而成的產物，我們是傾向這麼看的。

　　我在這裡主要呈現的是心理學的向度，但並不是著重在目前的精神科診斷，因此，一般所說的憂鬱，是光譜般很寬廣的情感，請各位不要只以精神科診斷的嚴重憂鬱症的概念來解讀。

　　在這篇文章裡，「憂鬱」是作為一種人類精神的現象和狀態，想要透過導演的視角，並且打從心底相信著，電影之所以會這樣演、這樣創作，是隱含著一些道理的。更具體地說，我們試圖從他的方式來看待他心中的憂鬱是什麼，主動地讓拉斯·馮·提爾創作的「憂鬱三部曲」提供不同的角度，讓我們再一次認識憂鬱，擴展我們對於「憂鬱」的見解和定義。

　　或者說，他所想要闡述的憂鬱，只是憂鬱情感的光譜裡某個小段落而已，我無意主張這代表了所有的憂鬱情感，但是既然提出來討論，自然是期待透過探索這部影片的同時，可以讓我們對於這個小段落和小角落，有更多的了解和想像。

「憂鬱三部曲」片名的聯想

　　「憂鬱三部曲」片名聯想的開端，是來自 2020年10月的「癮工作坊」。我在〈愛，癮『性』埋名〉的文章中，引述為例的電影就是「憂鬱三部曲」之三：《性愛成癮的女人》；從臺灣翻譯的電影片名，可以看見「性成癮」的議題，這是昭然若揭的癮嗎？隱藏在背後的另一種癮，或許是愛，對愛的失落，可能是癮的基底之一。

　　有一天我在搭乘捷運時，構思著這次負責的講題，想到電影片名的翻譯，也隱含著一些值得探討的聯想。如果從英文片名來說，第一部曲《AntiChris♀》，直譯就是「反對基督者」，但臺灣譯成「撒旦的情與慾」，看了電影，一方面可以理解這個片名蘊含的電影內容，但另一方面也呈現出有什麼東西，是無法被直視的。第二部曲的片名是《Melancholia》，直譯是「憂鬱」，但中文片名叫做「驚悚末日」，同樣也提取了電影的內容元素作為依據。如果再加上「憂鬱三部曲」的暗示，觀看之前我們好像已經被告知，這裡面不只是反基督，還要留意撒旦；不只有憂鬱，同時還有驚悚；看似性

成癮，裡面其實還有關於愛的議題。這些作為一種隱喻，也呼應了這次工作坊的用意，除了關注檯面上顯而易見的議題之外，還有別的面向值得被思索，這也是我們精神分析取向的專業職人，日常工作時面臨的課題。有待探索的面向若可以被看見，不斷地「換句話說」，如此就有機會讓我們理解更多，像是這次的主題「憂鬱」，到底有多少種面貌等待我們探索呢？

我們先聚焦到第一部曲《撒旦的情與慾(AntiChris♀)》。注意到了嗎？Antichrist的t是用代表女性的符號來替代。光是中英文片名以及選用的符號，我已經看到兩組從古至今都在討論的，所謂對立面，基督與撒旦，女性與男性，而我用「對立面」這個概念，作為今天的主軸，來探討憂鬱內涵中，精神世界的對立面。我並非要談性別主義，也沒有要談宗教意義，一方面這不是我熟悉的範圍，另一方面，我想試著將「對立面」這個概念，再一次置換成「衝突」。

衝突，當然可以是實體上的兩方衝突，也可以是一個人內在的兩股衝突，我邀請各位嘗試用後者來思考，舉例來說，電影裡的妻子和

丈夫，兩個人呈現出來的狀態或處境立場，也可用來象徵一個人內在的兩股掙扎，然而，經驗上告訴我們，個體的內在不會只有單一的面向，就像在臨床工作當中，處理個案所談的內容時，即使涉及他人或外在環境，我們一方面不否認外在現實對一個人影響的份量，同時，我們也謹記在心，這些內容反映了或多或少的個人精神結構。雖然我們傾向假設內在精神結構造就了外在現實，我們也不否認這些外在現實會回頭，再一次影響內在心理。

如果用「衝突」作為一個線索，跟憂鬱之間的關係是什麼呢？佛洛伊德的後設心理學（Metapsychology）——這是佛洛伊德跟他的朋友Fliess通信逐漸形成的詞彙，如同形上學（Metaphysics）作為觀察物理世界的抽象觀點，都是忠於希臘文「後設」（meta）的意義，超越現象觀察或現象觀察背後的層次——是奠基多年精神分析經驗的心智功能研究，從臨床以及描述的層次來到抽象理論，進一步探討人類心智運作方式，他的目標是建立精神分析心理學的「原理」、「基本概念」和「理論模式」。

佛洛伊德的「後設心理學」認為，任何精

神歷程都跟三個向度有關：動力學（Dynamic）、地誌學（Topographic）和經濟學（Economic）。

動力學（Dynamic）：精神現象是力量結合或衝突的結果，這些起源是本能力量施加一定程度的壓力；精神內在力量之間的衝突關係，相關的概念包括驅力、願望、阻抗、潛抑、妥協作用等等，例如行為、幻想、夢、錯誤、症狀、性格特質等等，被一股力量所影響，是多重力量之間交互作用而形成。

地誌學（Topographic）：精神裝置可以被區分成幾個次系統，每個次系統都有不同的特性或功能，以及相對於彼此的特定位置，像是潛意識、前意識和意識，以及本我、自我和超我。

經濟學（Economic）：精神歷程包括的能量（本能）循環和分配可以被量化，相關的概念有能量、性慾、痛苦、灌注、反灌注、平衡、移置等等。著重在精神力量的強度以及能量在精神裝置的分配，例如避開太受苦的情感，而把精神能量投資和分配到其它較不受苦的內容上。

除了上述三個向度，還有其他人提到的其他向度，其中與這部電影十分有關的，像是遺

傳學觀點，是佛洛伊德成人分析工作中而來的抽象概念——性心理階段理論，口腔、肛門、性蕾、性器、伊底帕斯情結等等作為概念的命名，談愉悅在不同階段意味什麼樣的基本形式，成年人或多或少殘留嬰兒期原慾組織，與外在世界、客體和獲得愉悅意義有關。另外還有種系發生學（Phylogenetic）的向度，這是佛洛伊德在《圖騰與禁忌》中談過的一個話題，他認為人類精神生活具有不可抹滅的古老繼承軌跡，我們現在看見所謂精神現實的原初幻想，事實上是史前時代，例如冰河時期發生的真實創傷事件所留下來的痕跡，擷取《狼人》案例中譯本：

> 「……跟種系演化所遺傳下來的圖式（schemata）相關的問題……我傾向認為，它們是人類文明史的沉積。構成小孩子跟父母關係的伊底帕斯情結就是其中之一……。」

佛洛伊德在《哀悼與憂鬱》（Mourning and Melancholia）這篇文章當中，提到關於憂鬱與哀悼類似的是經歷失落的經驗，原本投

注出去的原慾（libido）需要撤回，然而，憂鬱的關鍵點是在於一個人的自我（ego）變得匱乏，且許多人對於自我會有「無價值感」，因為不僅是客體死亡，（也伴隨著自我的失去而出現的）各種程度的失落，像是輕視、忽視或失望等等都可能加諸自身，與愛對立，以及恨的感覺已經存在的矛盾情感。這個由矛盾情感引發的衝突，有些是來自真實經驗，有些則是結構性的問題。在衝突的這個層次，提供哀悼者一個病態性的氣質，並且以自責的形式呈現，為了達到責怪所失去客體的效果，如果對客體的這份愛本身無法被放棄，這份愛在自戀式認同中避難，接著恨開始作用在這個替代客體上，虐待他、貶抑他，使其痛苦並且從其中獲得施虐滿足[25]。

「憂鬱三部曲」反覆提及的關鍵字：性、情與慾、女性、宗教、文明，以及前面提到的，憂鬱是個複雜的現象，包括了生物、心理、社會三方面的觀點。從電影的敘事和結構設定的元素，象徵人的心理層面的衝突與憂鬱之間的關係；前述已提到，與這部電影相關的

---

[25]吳念儒，《後設心理學：以憂鬱為例》，「臺灣精神分析學會」週三入門課程講義，2019.12.18

遺傳學觀點——佛洛伊德的性心理階段理論，以及種系發生學向度[26]。現在我們往社會文化的方向移動，看看精神分析在社會的這個向度，與情慾、失落、憂鬱之間的關係。

佛洛伊德在〈文明的性道德與當代神經疾病〉（『Civilized』Sexual Morality and Modern Nervous Illness）的文章中提到一個概念，當傾向「文明的」一方時，個體的健康與活力是可能受損，甚至犧牲或傷害個體。對於婚姻制度的要求、文明進步的追求、公眾利益的神聖不可侵犯……，與此同時，每個人內在的本能驅力，像是性也好、情慾也好、攻擊也好……都無法避免存在衝突，或是壓抑掉一部份的人的本色，獲得與內外在相互妥協的產物，「一般而言，我們的文明可以說，是建基在本能的壓抑上面的。」然而，佛洛伊德提到精神分析的方法，讓我們了解到精神官能症是心因性，來自潛意識的，這些症狀都時時表現出性的意味，源自於人們心中未曾滿足的性需

26《維基百科》：簡稱「譜系學」，研究生物個體或群體之間的演化歷史和關係。這些關係是通過系統發育推理方法被發現，這些方法評估被觀察到的可遺傳性狀，例如在這些性狀的進化模型下的DNA序列或形態。

求。「性本能」當然是狠角色，就像文中說到：

「……性本能也常表現著十分頑強固著的現象，有時甚至寧可退化，寧可變態，而不情願受阻，不情願改道。……如果我們想到，人類的性本能起初並非為了生育，而只是為了要得到某種快感，則我們的視野當能更為寬闊清晰。在嬰兒期，它以滿足快樂為目標，起初並不僅指向性器官，而總是涉及身體其他部位（性源帶），而常有執著於此不惜放棄其他方式的傾向……性本能通過了自體情慾，轉為客體愛，種種性源帶的獨立感受，也逐漸歸納於、受制於性器官的重要性之下，如此，性慾帶來生殖的作用。」[27]

如果我們所處的文化社會只推崇一種價值，比方說，很極端的觀點：性行為只能用在繁衍後代的需求。配偶不得為了性的歡愉而發生性行為，那獲得愉悅享受的性目的，必然移

<hr>

[27] 《性學三論·愛情心理學》，佛洛伊德著，志文出版社。

轉成了內在世界或外在世界的衝突。

　　或許我們可以說：「不要管就好啦，不要管什麼文明、道德這些……，享樂開心最重要！」但我們都很清楚，身而為人不可能全然做到這件事情，我們自然會在乎別人的觀感、想要合群等等，而這些心態其實也是人類精神結構的一環，像是佛洛伊德「超我」的概念，就跟良心、道德、律法、禁令、死之本能等等有關。也就是說，人心的衝突可能是內建的結構和元素，只是每個人獨特的成長經驗、身處的環境等等外在因素，會揉合出每個人個別展演的現象。內在衝突，有人呈現出來的是憂鬱，有人呈現出來的是人際議題，有人因此而影響了生涯選擇，有人可能對什麼上了癮，有人可能更用力追求成就，有人可能與世無爭……，或者也可以這麼說，人類出生之後，分離、失落和憂鬱是必然的，為了要活著和活下去，出現各式的保護和防衛，這些保護和防衛在當初是必要的，但到了後來卻可能變成人際議題、癮或生涯選擇、追求成就、變得與世無爭等眾多可能的樣貌。

　　佛洛伊德《The Economic Problem Of Masochism》裡這麼說：

因此，愉悅和不愉悅不能指量的增加或減少（我們將其稱為「由於刺激而引起的緊張感」），儘管它們顯然與該因素有很大關係。看來它們並不取決於這種量的因素，而是取決於它的某些特徵，我們只能將其描述為質的。如果我們能夠說出這種質的特徵是什麼，我們應該在心理學上取得更大的進展。也許是節律、時間順序的變化、刺激量的上升和下降。我們不知道。但是，這也許是，我們必須認識到，涅槃原則，它屬於死亡本能，已經在生物體內發生了變化，透過它已成為了享樂原則；因此，我們將避免將這兩個原則視為一個。

　　如果我們願意遵循這種思路，那麼不難猜測修改的源頭是什麼。只能是生命本能，原慾，因此與死亡本能一起，在對生命的歷程的調節中佔有一席之地。這樣，我們獲得了一組很小但有趣的連結。涅槃原則表達了死亡本能的趨勢；享樂原則代表原慾的要求；後者原則的修飾，現實原則，表徵了外在世界的影響。

一路談下來，佛洛伊德談憂鬱的後設心理學，其中跟愛恨衝突層面有關，妥協的過程中，必然有所壓抑，失落的產生，又跟憂鬱的本質扣合在一起。《撒旦的情與慾》裡的夫妻雙方，象徵著文明與性本能兩方的衝突；先生試著用科學、文明、禁慾的方式治療妻子的喪子之痛，而妻子一直在悲慟過程中，瘋狂地用滿滿的性慾，像是要把失去的東西喚回來一般地野性。這個故事的結局像是兩敗俱傷，這是否也能說是憂鬱容貌之一呢？

Jean-Claude Lavie在《愛是完美的犯罪》一書中，有一篇叫做〈慾之死，死之欲〉，描述一位被強烈焦慮所擾的女人，前來要求接受治療。這位女人追求心靈更勝於感官，推崇禁欲的生活，也很少著墨在關於性的部份。她害怕性關係會為她帶來小孩。她曾經面對驚慌失措、羊水破掉的鄰居，而在法文裡，破水的音跟失去骨頭的音很接近。她很恐懼，不想要小孩，因為不想失去自己的骨頭。這個女人能夠浮上檯面的恐懼、焦慮以及慾望的禁止等現象，背後隱含著的是，跟父親生小孩的潛意識慾望、害怕與母親競爭、伊底帕斯情結等相關議題有關。

這讓我想到電影一開始就死掉的小男孩尼克；其實這三部曲都有一對母子關係，故事對照起來，似乎說著女人在擁有情慾與母親角色兩者之間是難以相容的。我引述Jacques André的著作，《無止盡的『成為女性』》的最後一篇文章〈與身體搏鬥的女性特質〉，來連結女性情慾與母親角色之間的關係。

　　文章一開始是佛洛伊德在1898年所寫的一段話，他要說的就是精神官能症與人類性生活之間，是無法避免要去探究的。然而，作者認為時至今日，社會風氣在性方面的「解放」，並沒有讓人們承受較少的精神衝突，人類的命運仍然繼續重覆著。也就是，外在現實的性解放，並不必然使原本的人性內心衝突消失，意味著仍有著內在心理或者我們不自覺的潛意識心理，需要我們從外顯的行為來思索和想像。作者試著從雙重線索來思考女性特質，第一重是從歷史與文化變異的軌跡，第二重是從無意識內容的交纏。他提到，自古以來有三組意象可以追尋且說明這雙重線索：一、女性被視為低男性一等而必須服從；二、母親與女性的互相交纏；三、關於誇大、過度的女性性特質的神話，或說是幻想。

上面談到了母子關係，我們就先從第二點開始看：

　　「有兩條主要的道路，是潛抑所依循的道路。其一，是將母親對立於女人。把女人消弭掉、把女人的性特質消弭掉，這尤其是為了掩蓋人類性特質結構的醜陋——它可以獨立於生殖目的而存在。……第二條潛抑的道路，是讓人察覺不到母親本身的性特質，如何滲透到給嬰兒的照顧中。……用透過「母性」而被確立的潛抑功能以抵抗「女性」……古往今來女性性器官的沉默，讓她可以純真無邪的追尋其目標，而不會被人察覺：懷孕的心滿意足、隱藏在哺乳下的高潮、母親的激情……是讓母親可以——毋需自責地——滿足長久以來潛抑的，其性質應以性變態（perverses）形容之的慾望蠢動。」

　　這也連結到，相對於社會性目標——繁衍的嬰孩式性學：

　　「它是另一種性特質，從未被『同

化』，它永遠是那麼陌生、那麼驚悚、那麼令人熱血沸騰。『生殖器官的性特質』有它的目標，『幼兒式性特質』則是多形性的，它有慾望，也可以說它不知道它要什麼，因此，終極而言，它沒有目的、沒有盡頭。」

前述的生殖器官式的性特質，尤其是到了青少年時期有了身體和荷爾蒙加持的這種性特質，是我們在電影裡看見的現象，但是，這總是出現不少令我們覺得不可思議或難以理解的行為，而當我們出現這種不可思議的感覺時，就意味著，這些生殖器官式的性特質所產生的現象，是需要嬰孩式性學（infantile sexuality）來說明和註記。雖然這些說明和註記，是無法一下子就改變問題，甚至會讓我們懷疑：這些說法真的是我們對於人類心智的了解嗎？不過這只是起步，佛洛伊德當年開創出來的視野和理論，目前仍在持續進化中。

第一和第三點，共同探討的部份，指出了男性與女性的不對等，以及對立面，他引述在文化、宗教中，女性的低人一等以及殘缺的說法，另外，還指出了亞當與夏娃的對立，亞當

像是象徵著文化、精神、靈性、「無聊」，夏娃則是象徵著自然、肉體、感官、歡愉與性。隨順慾望的夏娃，吃了禁果，讓亞當也吃下禁果，好比電影中的妻子，不斷地要求甚至強硬與丈夫發生性關係，丈夫有時抵抗成功，有時也屈服在慾望之下。

關於「屈服」，我再引述Jacques André文章的最後幾段文字：

> 「在一個很邊緣的位置，在他（佛洛伊德）的主要理論之外，還有另一條線索若隱若現地串起了他的全部作品；這條線索從未曾消失過，但也從未曾織出什麼具體的東西出來。這條線索開始於與弗里斯（W.Fliess）這位雙性性特質的專家的通信：『我們可以懷疑被潛抑的核心元素總是女性元素。』而結束於『拒絕女性特質』，拒絕女性特質被視為最頑強抵抗精神改變的基柱。

> 　線索裡還有一個中繼站：『幼兒的』與『女性的』重疊，這個中繼站的時間點正是佛洛伊德賦予被虐性一個原發的位置。……對小小孩而言，不管他的性別為何，

在性發生的源頭都會找著被動的經驗，臣服於另一個人的慾望的經驗──即使認同於誘惑者的過程會盡可能地快速與積極。

我的假設是，當女性特質可以成為被動形式中無法被思考的部份的表徵時，我們便有可能將女性特質與被動性接合在一起；嬰兒像是一個開口，無意識的成人性特質混雜著最早期的呵護，從這個開口傾倒進來或者滲透進來，而女性位置則延續了這個幼兒門戶大開的位置。」

接續著這樣的想像，呼應到一開始請大家試著思考衝突的概念，從愛恨衝突、文明與慾望的衝突、女人情慾與母親角色的衝突、男女兩性之間的衝突、基督與撒旦的衝突，到了這裡，有沒有可能我們要看的是主動與被動之間的衝突，臣服與否的衝突，然而這個被動形式，倒帶回去，是女性性特質，又回到了嬰孩式的性學。

畢竟嬰孩式的性，更是精神分析取向所關注的焦點；憂鬱是某個被潛抑的什麼的失落，失落的或許是原始的性，純然為了愉悅享樂的性。

情慾裡到底乘載著多少心痛呢？

在薩所羅蘭的例行會議中，我們彼此交換討論看了「憂鬱三部曲」的感想，我說：「這三部曲，第一部曲是看了痛苦指數最高的，到了第三部就很勵志了。」這部電影最後是人與動物皆死傷累累收場，要死不活，可能還不足以形容結尾悲慘的情境；看不太到希望，死絕的狀態，可能也呈現出憂鬱十分絕望、殺戮的面向。

周星馳的電影《食神》，莫文蔚演的火雞姊唱了一首開場曲，歌詞是「情與義，值千金……」。我改了歌詞為這個故事的最後做一個結束：

> 情與慾 重萬斤
> 刀山去地獄去有何憾
> 為慾望犧牲有何憾
> 嬌娃們 甘心剖寸心
> 血淚為情流 一死豈有恨
> 有誰人敢過問

尾聲

「歷‧經‧滄‧桑這個詞引起我的注意，讓我從精神分析有關驅力理論的概念出發。

我們知道生之本能的基礎就是性，當然這個性並非僅是成人的性，更多時候是嬰兒的性。然而有關性的慾望，並不總是要得到滿足。有時候它有違社會道德，有時候威脅我們的生存。

……精神分析就是這樣曲曲折折，見山是山、見山不是山、見山又是山，一路走來許多故事百轉千迴，這悠悠蕩蕩的歷史就是所謂的歷‧經‧滄‧桑。」[28]

「見山是山、見山不是山、見山又是山」，可以說是性、情慾和失落的另一種描述方式，甚至可以說是「憂鬱三部曲」討論的脊椎。再說清楚一點，電影直接衝進感官的是性、情慾，甚至暴力，但仔細穿透這些檯面上的感官興奮，掀開（或剝或撥或扒）後，原來隱含著

---

[28] 王明智，〈關於海洛因成癮的痛苦與榮耀〉，出自《從過癮到上癮：癮是心理創傷的答案或謎題？》，無境文化，2021。

關於失落的事，愛的失落、生命的失落、情慾身體的失落……。然而，再繼續追溯精神分析的經典，關於性、慾望、驅力、本能這些議題，又回到了性本身，於是，見山就又是山。

試著再類推到另一件重要的事，所謂認識自己的歷程。個案帶著一件事情進入診療室談，比如人際之間的衝突，再進一步探看，從這件事，作為一個心理的引言，看見自己的憤怒、忌妒、競爭、失望等等，但事情這樣就可以畫下句點了嗎？並沒有！經驗告訴我們，認識了自己之後，外在的（實際的）現實還是得去面對，為了繼續往下走、生活還是得過下去，我們還是得從選擇中，做出一個決定，面臨為自己的選擇而負責，為了這個選擇同時發生的不選擇，雖然享有了自由，同時，也無可避免的，必須承受其中的失落。

參考資料

- 《溫德斯的電影旅程》，劉森堯譯，時周文化。
- Freud, S. (1917). Mourning and Melancholia. The Standard Edition of the Complete Psychological Works of Sigmund Freud, Volume XIV (1914-1916) : On the History of the Psycho-Analytic Movement, Papers on Metapsychology and Other Works, 237-258.
- 《後設心理學：以憂鬱為例》，臺灣精神分析學會週三入門課程講義，吳念儒。
- 《性學三論·愛情心理學》，佛洛伊德著，志文出版社
- Freud, S. (1924). The Economic Problem of Masochism. The Standard Edition of the Complete Psychological Works of Sigmund Freud, Volume XIX (1923-1925) : The Ego and the Id and Other Works, 155-170.
- 《愛是完美的犯罪》，Jean-Claude Lavie著，五南出版
- 《無止盡的『成為女性』》，賈克·安德烈著，無境文化，2011。
- 《食神》（電影），導演：周星馳、李力持。
- 〈關於海洛因成癮的痛苦與榮耀〉，癮工作坊，王明智。（完整文章內容收錄在《「癮」是心理創傷的答案或謎題？》，無境文化，2021）

《驚悚末日》

是喔，那麼情慾和什麼愛有關係嗎？

陳瑞君

　　《驚悚末日》導演拉斯·馮·堤爾以幾個慢速而詭譎的畫面拉開序幕，女主角身上莊重的婚禮白紗是本片開場的主要意象，伴隨著背景音樂是華格納的《崔斯坦與伊索德》（Tristan And Isolde），連續不斷的「無限旋律」流轉出一幕幕同調性的召喚，低吟、低調、低沉，旋律緩慢且重複著懸疑氣氛，帶有近似音樂語言的「主導動機」（Leading Motive）。

　　「主導動機」，在樂理中指的是由人物、劇情及重複的概念運用，在樂曲當中，具有強烈戲劇暗示性的音樂片段不斷地襲捲重現，衝擊著聽覺的感受，因此，它總是帶有鮮明的「標籤」或「表徵」效應，用來暗示或揭示劇中，主角之情感發展，以及那不可見的地下情節。

第一樂章：女主角的「命運交響曲」，M（melancholia）小調激昂版

　　一開始，披著莊重優雅白紗的女主角賈絲汀，慢速定調在一種永恆的意象裡，影片前奏的一幕像是女主角內在的一種魔幻寫實——遠遠的鏡頭，看到賈絲汀走在灰暗蕭瑟的杉木林裡，為了方便行走，她雙手撩高白紗的下緣，露出半截小腿大步邁前，看似正要趕往什麼重要的地方，賈絲汀堅定的心思意念在此刻全然顯露；然而，往下一看，白紗禮服下的小腿很快地被從地表竄出的粗壯如枯藤般的羊毛紗給圈住，愈來愈多的羊毛紗不留情的從四面八方而來，拉扯著賈絲汀的小腿、雙手，逐步延伸到勒住她的頸項，彷彿穿天遁地而至的強大力量，窒息般地阻止賈絲汀奔向幸福的企盼。

　　賈絲汀奮力想要掙脫羊毛紗，猶如拼著命想要逃離命運的枷鎖——在她與這個世界之間，似乎有一條難以言說卻緊密牽制的無形鎖鏈。在影片中的另外一幕，她好奇地伸出雙手端詳，雙手像是與宇宙中冥冥的什麼力量通電，一股電流好似暗示著，她與這個世界單獨且特別的關係。

那股拉扯賈絲汀的洪荒之力是什麼？又來自內在的哪裡？

　　賈絲汀愈是要邁開步伐，羊毛紗愈是像被觸怒的魔鬼，揮動著銳利的爪子，愈狂怒地纏繞及吞噬；賈絲汀能遁逃出這個好似被咒詛的命運嗎？下一幕拉斯·馮·堤爾導演切換場景，跳tone轉換成宇宙中相互靠近的兩顆星球，代表Melancholia的藍色鬱星，在賈絲汀奮力逃離的同時，也逐步往地球端緩速靠進，終至與地球互相穿越而滲入地表；這個意象是否表徵身著亮麗婚紗、腳步堅定且加速前進的賈絲汀，邁向的不是幸福，反而是朝向對幸福的毀滅或侵蝕？

　　貝多芬的好友辛德勒，有一次問他說：「『命運交響曲』開頭的『登、登、登、登』四個音是什麼意思？」貝多芬回答：「那就是命運敲門的聲音。」在這裡藉用「命運交響曲」為標題，也同時在思考賈絲汀的命運又會如何被演奏和詮釋？劇中婚禮入場服務處，婚禮人員設計了「猜豆子摸彩」的活動，讓每位賓客報到後，抓一把豆子裝入一個瓶子中，賓客要提供一個數字，猜猜今天這瓶豆子最後的總數，婚禮結束前會公布最接近答案的人，優勝者並

且可以得到獎項。賈絲汀當時瞧都沒瞧豆子就進入會場，但是，她就是知道答案——她一言不差的猜中，678顆。就好像賈絲汀也預知著自己的命運嗎？然而，誰會把命運設計成悲劇呢？難道如同伊底帕斯的故事，愈是奮力想要逃離的命運，卻每個選擇都再次帶自己進入命運的迴圈？賈絲汀找了一個高富帥又愛她的男友結婚，然而這個美好的企圖背後，為賈絲汀奏起的究竟是「命運交響曲」？還是「機會交響曲」呢？命運裡可以有機會嗎？

佛洛伊德曾說，「記憶」都是一種「遺忘」的變形，因為記憶常與「被禁止的慾望」有關，受到潛抑及喪失的，往往比真正記起來的還多，因而人持續性的精神生活總是用其它的型式來重新論述，就好像是常常變裝在重複那不知所以然的戲碼。人是不是很辛苦？佛洛伊德認為：

> 「人並不是因為他們的記憶受苦，而是因為遺忘而受苦，特別是以不當的方式去遺忘，這將會在行動中不斷的重回早期經驗的情緒場景，那是種喚醒心靈裡沉睡已久的部份，或許是段古老的回憶，一旦

醒了，就無法再擺脫，只能不停地給予新
的表達方式。」

　　如果人都像佛洛伊德所說的，透過行動不
斷的重回早期經驗的情緒場景，那麼，賈絲汀
要重回的是哪裡？想表達的是什麼？被羊毛紗
圈住而難以逃脫的那一幕，宛如賈絲汀被動地
接受命運擺佈的意象，她要重回的是這個場景
嗎？人們一再重回早期的創傷場景，尋找受
苦，如前文所述，是想再喚醒心靈裡沉睡的什
麼。或許，賈絲汀受苦於不知從何而來的空洞
及失落感的孤獨泥淖中，愈是努力掙扎，愈是
無法逃脫而深陷；更像是早就失去了什麼重要
東西而不自知，也不知如何找回──此刻的賈絲
汀只能重複不停的悲傷了。
　　賈絲汀為何悲傷？佛洛伊德捕捉的場景在
《抑制、症狀和焦慮》（Inhibitions, Symptoms
and Anxiety, 1926）的附錄 C《Anxiety, Pain and
Mourning》中，他這麼說：

　　　「我們還不知道對失去某一客體的另
　　一種情緒反應，那就是哀悼。但現在我們
　　不再有任何困難來說明它。哀悼的發生受

到現實感影響，因為後一種功能對失去客體的那些人，提出了絕對的要求，即他必須將自己與客體分離，因為客體已然不在。哀悼被委身一項任務，要在原先被那些客體高度灌注的所有情境中，將這種灌注撤回。與前面的觀點相吻合的是，這種分離會是痛苦的，因為，集中在對客體強烈渴望但卻不能滿足的灌注，失去客體的人必須在情境的重現中抵消（undo）他和客體連結的各種關係。」

　　由上面的論述來看，哀悼「需要撤回我們對失落客體的灌注，並重新抵消他和客體連結的所有關係。」然而，若早年的每一塊自我的形成都與主要依附對象有關聯，分離將會異常的痛苦，預告了這是一個無止盡的過程，因為人並沒有完全屬於自己，也沒有完全屬於他人，「人」本身的形成，基本上就是一種關係結合與變形的建構體，沒有人可以在不依靠他人的狀況下，長成獨立事件的自己，因而，可以視為是程度上的差別——生命早年的創傷可能不見得如一般預期的復原，甚至是難以完全康復，因此，我傾向假設，身而為人是無法有真

正的哀悼（mourning），而是有著不同程度的憂鬱（melancholia）。

第二樂章：「英雄交響曲」A小調稍快版 /「堅定」的失誤

當年貝多芬的第三號「英雄交響曲」，原本是對拿破崙初期為法國革命的敬頌之曲，後來貝多芬得知拿破崙有稱帝之心，便大怒說：「他居然為了自己的權力慾望而藐視人權，想把自己抬升到萬人之上！」貝多芬憤而將此樂曲的標題頁撕成兩半扔在地上，並將曲名改為：「紀念一位英雄人物」。

《驚悚末日》中的人物，若說到「堅定」，那個讓賈絲汀在古堡中舉行婚禮、面面俱到處理繁瑣事務、掌握所有婚禮進行流程的主持人——賈絲汀的姊姊克萊兒，看似也很堅定地想要掌握妹妹的人生節奏。當新娘與新郎姍姍來遲，到了結婚會場，所有賓客皆已入席久候，焦慮的克萊兒一見到下車的賈絲汀，便沒好氣的說：「我都懶得說你們遲到多久了。」她繼續急著數落：「你們還想要辦這場婚禮吧！」

克萊兒堅定且急切地想讓賈絲汀順利完成婚禮，似乎希望將妹妹萬無一失地送入幸福的殿堂。既然是走向幸福，克萊兒為什麼會如此戒慎不安？克萊兒已經事必躬親，但她對賈絲汀的控制卻無法到位，因而讓她頗有微詞且惱怒，就像賈絲汀到達會場前，也有的許多小波折與插曲。克萊兒的堅定——在會場總是核對時程表、掌握著婚禮的進行、控制出場與換場秩序……，是否象徵她要在妹妹的婚禮上，尋找或創造自己曾經失去的東西？她要再度透過這個儀式，重新執政自己的人生？那些曾有的失落因此便能被撫平？然而過程是讓克萊兒一次又一次的帶來失望。而賈絲汀在婚禮上一連串的小失誤，只是因為不若姊姊般堅定嗎？

佛洛伊德在1904年出版的《日常生活的精神病理學》對「失誤」曾這麼說：

> 「生命中充滿了許多錯誤及意外，從性慾望的角度來看，確實都存在著意義，是由一種潛在的意圖充當主導者，以迂迴的方式達到被禁止的願望之目的。」

那麼，能說賈絲汀也如姊姊一樣的堅定，

只是，她要堅定的走向失敗？而什麼是賈絲汀要重溫的失敗呢？

第三樂章：「田園交響曲」夢-熱情（Rêveries -Passions）/ 憂鬱又虛弱的序奏

貝多芬的第六號「田園交響曲」為「到達鄉郊，愜意的心情復甦了」，樂曲開頭的平靜、優美，漸漸變得積極、熱切，描繪了作曲家初到鄉間的感受。但曲子後面故意出現走調的音，此後速度加快，朝向奔放，隨即戛然而止，為緊接而來的風暴譜了前奏。

「想要幸福」的主旋律不只來自於姊姊，也來自於眾人的同聲祝福嗎？被嚴重憂鬱籠罩的賈絲汀，也同樣地祝福著自己嗎？片中載著新人的禮車開往古堡婚禮的路上，加長型豪華禮車因車身過長而卡在前往的路徑，森林小徑的清幽與靜謐的田園，無法容下懷有巨大理想的幸福禮車？在一個小轉彎處，司機、新郎及新娘三人輪番上陣，接續握上這即將駛向幸福的方向盤；新郎下車認真用手勢指揮著車上正嘗試移動車頭的賈絲汀說，「哦！這裡……過來

一點。」經過多次倒車、前進、指揮，花了多大的功夫，才抵達婚禮的會場。

　　隆重的加長型禮車是買絲汀租的，困難地駛進田園小徑中，看似能計劃的方向，最後卻沒有被命運納入。新郎麥可隨後抵達婚宴會場，打情罵俏的向買絲汀說：「又是誰說要租加長型禮車的？」

　　在名為「憂鬱」的主題下，買絲汀的種種的矛盾選擇——加長型禮車、新人大遲到等等的跡象皆顯示著這是一場「難以抵達的幸福」的婚禮前奏，加長型禮車的場景像是一種戲謔，也帶來一種奇怪的愉悅？然而究竟是什麼理由，會使人不斷的從重覆錯誤中得到痛苦，並忍受它呢？佛洛伊德說「我們被迫要去思考自我中那神秘的受虐傾向。」（1920:14），這充滿著受虐般的荒謬。關於受苦，佛洛伊德《受虐的經濟學問題》（The Economic Problem Of Masochism）裡這麼說：

　　　　「回到受虐。我們觀察到受虐有三種形式：作為一種強加於性興奮的條件，作為一種女性本質的表達、作為一種行為規範。因此，我們加以區分為自體情慾的、

女性的，道德上的受虐。第一種是自體情
慾的受虐——在痛苦中的愉悅感——它亦
是另外兩種形式的基底根源。這需要從生
物學和體質上的路線來尋求其基礎，目前
這個部份仍然如此無法理解，除非你決定
對事物做出一些極其模糊的假設。第三
種，在某些方面也是最重要的，受虐的表
現形式直到最近才被精神分析確認為一種
主要是潛意識裡的罪疚感；它已能被解
釋，並與我們的其他的知識相吻合。另一
方面，女性受虐是最容易被我們觀察到
的，也是最不具爭議性的，它可以從所有
關係中加以考察。我們將從它開始討
論。」

第四樂章：「驚愕交響曲」（the Surprise Symphony）／定音鼓強奏

　　恬淡的《田園交響曲》後，接下來賈絲汀
的父母上場，我點一首海頓第94號《驚愕交響
曲》呼應。據聞當年某些貴族為了附庸風雅前
來聽音樂會，卻常常在演奏時睡著了，海頓於
是譜了這首曲子，在前面弱起拍像是催眠的樂

章，剎那間用定音鼓模仿驚雷般猛烈地敲擊，讓這些呼呼大睡的貴族猛然嚇醒。

「想要幸福」的主旋律是否不只來自於姊姊，也來自於她們的父母？或許她們的父母原先是這麼想的，因為他們都出席女兒的古堡婚禮，只是兩人是水火不容的仇家，即使已經隔著幾桌之遙，但劍拔弩張的氣氛一觸即發，失控似乎是必然的命運。兩人身為女兒的主婚人，然而他們顯然並不是那麼容易地能讓幸福買單。

看似玩世不恭的爸爸在婚禮會場，一焦慮起來就開始躁動不安，他在同桌女賓客的面前，故意弄掉一根又一根的湯匙，戲弄著服務生，一次又一次叫喚他們過來，指著旁邊的人說：「她們要湯匙。」他耍著令人難以理解的冷場把戲。賈絲汀的媽媽雖然不與前夫同桌，卻暗暗觀察著坐在別桌的前夫，一會兒，她終於忍無可忍，向賈絲汀憤怒且尖酸地發出牢騷，她冷冷地說：「賈絲汀，幫我甩妳爸一巴掌！」當媽媽對賈絲汀如此抱怨時，完全漠視坐在她們母女中間，小孫子Leo的存在；如果在小孩面前什麼難聽話都可以說，那麼，賈絲汀母親

的心裡，是否有所謂的「小孩」存在？

　　對於媽媽這種舌尖上的毒辣，及關係的張力帶來心理上的興奮或潛在的愉悅，讓人想到法國思想家羅蘭・巴特的說法：

　　可能沒有什麼比愉悅（plaisir）更具文化性、因而更具社會性的了。在此，愉悅與痛快（jouissance，或譯「絕爽」）相對立。文本的愉悅與整個文化教養聯繫在一起，或者說，與一種契合、融入的情境聯繫在一起（一個深具代表性的片段：年輕的普魯斯特，把自己關在飄著鳶尾花香味的洗手間裡讀小說，他把自己與世界隔絕開來，籠罩在一種天堂般的環境當中）。相反地，文本的痛快，是反空間性、反社會性的；它以一種不可預期的方式發生在文化、語言的種種系列當中：沒人能解釋自己的痛快，沒人能對痛快進行分類。[29]

　　或許在意識上，我們不容易從母親的憤怒

---

29 謝朝唐暫譯。出自：Barthes, R. (1973). L'adjectif est le « dire » du désir. In *Le grain de la voix. Entretiens 1962-1980*。亦可參考：《羅蘭巴特訪談錄》，劉森堯譯，桂冠出版社。

中，指明她得到了潛在的愉悅，但難道不能說，這亦是一種沒能解釋的痛快嗎？這種高張力的氣氛，循著佛洛伊德對於「興奮」的定義是一致的，雖然外顯上是不愉快和生氣，但從神經學和能量學來說，都是在增添柴火，都是讓神經系統的刺激被增生而有神經興奮的傳遞，這有著生物學的基礎。

電影的另一幕，賈絲汀的父親為女兒證婚致詞時，話中總是藉機出言挑釁原本就怒火中燒的前妻，他對眾賓客說：「我該說些什麼才不會提到妳媽呢？不過這也不是什麼秘密，……她有時實在是很專橫跋扈！」父親似乎也等著這一刻，要好好地修理前妻。媽媽面對前夫公開羞辱，感到憤怒與不甘示弱，亦以主婚人的身份起身反擊，她也對著所有賓客說：「我不相信教堂，也不相信婚姻！」賈絲汀父母的證婚詞，在婚禮上註解了最尷尬、不堪與反諷的場景，所有的賓客毫無選擇地捲入了這風雨欲來、兩人角鬥的關係中。

賈絲汀在婚禮進行到了現在，又一次受到父母聯手帶來傷害，想必內心再度碎裂成片片，不過，這恐怕也不是她第一次被雙親摔碎吧？電影接下來，媽媽很快閃離會場，躲到樓

上的客房去泡澡，直到被女婿約翰（克萊兒之夫）邀請下樓切結婚蛋糕。但是她憤然拒絕下樓，她對約翰冷淡且嘲諷地說：「賈絲汀第一次用便盆時我不在，她的性愛初體驗時我也不在，所以，少拿這些婚禮的鳥儀式來煩我！」

　　媽媽的這些話，陳述了她與賈絲汀的早年故事，或許對賈絲汀而言，「媽媽」這個重要客體一直都是缺席的；她一再地缺席/被缺席，跟賈絲汀缺乏連結。Adam Phillips在《調情》一書寫道：

> 「唯有透過缺席所造成的空間，才有可能理解自己的想像及渴望。當一個人缺席的時候，就是我們認識她的時候。」

　　這似乎也暗喻著「失落」——某種一個人在心裡上隻身的時刻，透過想像，反而是與缺席的客體最為靠近的位置；我們在心理上臨摹這個不存在者的存在，在心裡上描述一個客體經驗，我們開始用語言一字一句堆疊起個人的想像。克麗絲提娃在《黑太陽、抑鬱及憂鬱症》說：「如果我不接受喪失我的母親，我即無法去想像她，也無法為她賦名。」（p.164）

第五樂章：「復活變奏曲」（Resurrection）莊嚴的詠嘆調/來自荒野的呼喚

　　取於馬勒的第二號交響曲《復活》的典故，首段樂章為葬禮的場景並叩問：「有無死亡後的生活？」；第二樂章是已故者對生活快樂時代的回想；第三樂章則代表完全喪失信心，信任生活是毫無意義的。

　　被父母頻澆冷水的婚禮，賈絲汀是否可以在死亡後復活？「做自己」是一種復活嗎？這是內在荒野的呼喚！雖然賈絲汀走向的是，堅定地毀滅婚姻和投身工作之路，她一路無畏地走過去……。

　　當提到「失落」和「憂鬱」（melancholia）時，若將「受虐」的概念加進來思考，我們腦中浮現的可能是擔憂這樣的想法，是否會被視為在污名或攻訐憂鬱者？「受虐」一詞常帶有負面評價，有因果連結，讓人抗拒接受；當這樣的擔憂出現，「受虐」的概念便無法被納入溝通的語言，探索它存在的意義及現象也受限了。只有在不把它們當作是負面的意義時，討論的自由度才可能增加，讓「受虐」變成可以被溝

通的概念，這尚有待我們努力發展。

　　樂曲分析中，所謂的「變奏」，意指在特定的主題或音樂素材上，以各種方式加以變化進行。賈絲汀原先在姊姊期待的「幸福主題曲」上相應和聲，享受嬌滴但品嘗起來極其虛幻的果實，這顯然沒有辦法讓她感到飽足。賈絲汀接下來蠢蠢欲動地加入不少個人的樂思——可以稱之為「賈絲汀的復活變奏曲」，樂曲從精巧到磅礴、恬靜到哀傷、節制到野放，或許這些才是滿足她個人心理現實的養份？

　　幸福的spy賈絲汀，她的內在的確有一股幻於無形的堅定，像是莫名地被揀擇的人選，接受指定交辦生命某個潛在的秘密任務。賈絲汀時而沐浴在粉紅泡泡中，努力地配合幸福人妻的主旋律，時而又像是被間諜植入某種惡意病毒的晶片，受許多暗示性的（潛意識）任務控制著——探測的是「幸福的不可能性」。

　　賈絲汀的無言行動，讓她像是個脫軌的新娘；在婚禮流程遲了2小時的狀況下，姊姊急迫地要將這對新人送進賀賓枯坐許久的婚禮會場，才快走兩步，賈絲汀突然拉著新郎轉向，她說：「我們先去馬廄，去跟亞伯拉罕打招呼。」到了馬廄，賈絲汀對著愛馬介紹著新

歡,是否像是宣告著舊時代的結束,新世紀的來臨?賈絲汀輕撫著亞伯拉罕說:「麥可現在是我老公了。」這句話彷彿是在跟過去切割,跟自己的痛苦道別。

然而整場婚禮中,賈絲汀多次藉機離席,扮演落跑新娘的角色;她獨自默默離開婚宴,留下等待的賓客,也拋下尷尬的新郎,讓焦慮萬分的姊姊及姊夫硬著頭皮撐場。之後賈絲汀靜悄孤身回到樓上的新房,慢條斯理褪下那沈甸甸、綁綑著自我的禮服,她全身赤裸,悠哉地泡在浴缸裡,這場幸福的婚禮好似與她無關──她總在分離與融合間徘徊,在主動與被動間來去,結婚進行曲的主旋律奏起時,賈絲汀心裡奏起的是救贖還是毀滅?我們或許只能在賈絲汀的行動中,看到她暗暗以個人意志埋下的種子,作為演出的和絃,並且愈奏愈大聲,愈來愈搶拍......。馬勒的《復活變奏曲》也像是為賈絲汀而作:

　　「世界與生命成為雜亂的幻影,厭惡所有的存在與握緊拳頭,當您意猶未盡似地從第二樂章的夢中醒來,不得不回到錯誤複雜的人生時,你們常常會感

到人生在不停地流動著，不時有莫名的
恐懼向你襲來。那就像是你們從外面黑
暗的地方，站在聽不到音樂聲的距離眺
望時，看到明亮的舞會中舞者們搖動
般。人生不知不覺地出現在你們眼前，
這就像你們經常被惡夢驚醒過來一
樣。」（林衡哲）

第六樂章：「悲愴交響曲」（Патетическая/Patetičeskaja）憂傷的慢板／暗淡絕望的音色

　　憂鬱的靈光閃現是音樂家最美的特權，
「悲愴交響曲」蘊涵著柴可夫斯基（Tchaikovsky）各
種能語與不能語的壓抑與渴望，這是柴可夫斯
基有生之年的最後作品。《悲愴》淒涼美麗，
一路哀吟，與他的人生一同悲劇性謝幕。柴可
夫斯基曾說，「悲愴」一曲是人世間共享的
情緒……這同樣震撼著人們的心弦。

　　劇中，女婿約翰上樓尋找賈絲汀的媽媽，
媽媽似乎和賈絲汀心意相通，也在自己的房裡
泡澡。約翰受到丈母娘冷淡拒絕，她不願意參
與配合婚禮正在進行的任何儀式。約翰悻悻然

回到婚禮現場，怒不可遏的在妻子耳邊低語：「她們兩個賤貨都躲在房裡還泡起澡來……，你們一家都是神經病嗎？！」妻子聽了眉頭緊皺，脫序的樂曲已讓她不知如何是好。

相對於約翰的憤怒，賈絲汀與母親各自浸泡在自己的浴缸中，彷彿脫下一身不合宜的外衣，回到最原始的、最赤裸的狀態，沐浴在原初的自己裡。這樣的場景，恍若是媽媽懷著賈絲汀時，母女一同泡在同一個身體裡的羊水，是如此地的融合相近！諷刺的是，現實裡並非如此。

即使媽媽冷漠以對，像是被全世界拋棄的賈絲汀，最後還是跑到媽媽的房裡，沮喪垂淚對媽媽坦露說：「媽媽，我很驚恐。」媽媽冷冷回答：「這不是妳該來的地方，妳不該來，我也不該來。賈絲汀，妳別作夢了。」賈絲汀掏心掏肺，卻換來媽媽最後絕情的命令：「滾出房間！」

也許，在賈絲汀心裡仍是無法承受失去媽媽的事實，賈絲汀能做的，是以自己的方式選擇用「像她」來靠近她；賈絲汀保持泡澡的習慣來跟媽媽一樣，這樣她就可以像媽媽且忠誠於媽媽了。她用「像」，表達心裡上抗拒跟媽

媽的別離及切斷。亞富尤的《當影子成形時》一書中提到：

「缺空激起了心靈的活動，使心智化、象徵化成為可能，以面對閹割焦慮。想像中的再度掌握和精神上分離經驗的轉化，促使再現的活動出現，從而取代了赤裸的、被現實迫使的、原本被動忍受的悲傷狀態。然後，各式各樣的幻想劇本啟動了，從被遺棄中得到一種被虐的滿足，這被遺棄的狀態本身成為了抱注客體，並取代了失落客體，甚至成為認同式的角色對調，以此確保能掌控分離。失敗的主體和失落的客體以某種方式交換了他們想像的角色和位置；被遺棄者使自己成為遺棄者。」（p.16）

受到媽媽強行拒絕推開的賈絲汀，似乎也不知要走到哪裡去？賈絲汀顯然是匱乏的，接近一種客體失落的樣態，包含了精神上及情緒上被擊潰的痛苦。當她回到眾聲喧嘩的舞會當中，與新郎攜手上樓，兩人火速地親熱了起來，卻在最後關頭，賈絲汀不知為何急踩煞

車，她再次落跑，丟下身著內褲且頹坐在床邊的新郎在房裡守候。賈絲汀離開新郎後，大步往曠野走去，野放了自己，某一刻不知怎麼地，她突然在草地上推倒一個行進中的男人，粗暴地拉下他的拉鍊、掏出他的陽具，她抱著新娘禮服跨坐在這個男人身上，開始自顧自地搖晃起來；路過的男人彷彿無端地被賈絲汀充滿怨恨或悔恨的情緒，大力地凌辱。或許對賈絲汀而言，強暴的行動既是連結也是撕裂，她再度將自己留在一個陰鬱的空洞和黑影中，把性愛當作是一種對幸福之路的發洩與復仇。

從「愉悅」的概念來說，當潛在的刺激興奮被挑起來時，就需要宣洩。賈絲汀從小到大的憂鬱狀態，乍看好像是什麼都不在乎的行為，其實是充盈著受苦的經驗，那些因失落、空洞而存在的受苦，常是以潛在的罪惡感的型式變裝，這是一種源自於內在的刺激與興奮，因此，有時會以不可思議的方式來宣洩。賈絲汀和陌生人性交，不同於一般人是為了愉悅而做，她是為了解決因罪惡感所帶來的刺激後，以強力性交的方式來宣洩排解掉這樣的衝突，因此也可以說，賈絲汀是無情的。

賈絲汀親手破壞了自己的婚禮，這一切都

達到了賈絲汀想要的了嗎？她終結這場如釋重負的自我逼迫，回到自己想要的，也是父母帶給她的失落和被遺棄的經驗？最終賓客不歡而散，心理上受到很大傷害的新郎也無言地走了，至此，殘破不堪的婚禮滿地碎片。賈絲汀此刻卻像是把所有事情辦妥了似的走向父親的客房，無人應門，父親在床上留下隻字片語：「有人要送我回家，我無法拒絕。」他一聲不響地離開了。爸爸的拒絕回應，使得賈絲汀的效忠沒有主人，她再度被遺棄。

阿莫多瓦的電影《痛苦與榮耀》中，主角薩瓦多描繪身體感受到失落和抑鬱的反應，可以作為我們想像賈絲汀的孤獨和受苦情境：

「『失眠、慢性咽喉炎、中耳炎、胃食道逆流、胃潰瘍、全身神經痛、尤其是坐骨神經痛，身體各部位的肌肉疼痛，腰痛、背痛、肌腱炎、雙膝雙肩疼痛。耳鳴、氣喘、哮喘。各種頭痛、長期背痛，還做過脊椎融合手術，後背一半以上不能動。脊椎與肌肉就像希臘諸神，需要彼此犧牲才能連結。』除了可以具體描繪感受的痛苦，也蒙受許多抽象的痛苦；如恐

慌、焦慮，使心蒙受苦難，為我人生帶來
煎熬與驚恐，因此憂鬱症與我共存多
年。」[30]

　　薩瓦多個人排山倒海的疼痛歷史，讓人不
禁咋舌，各色疼痛宛若宏大的身心交響曲，鋪
陳出主角獨特的生命史詩。他說：「在各種痛
苦襲來的夜晚，我相信上帝並向祂祈禱，但僅
有一種疼痛襲來的日子，我是個無神論者。」
這讓人不禁玩味，究竟是哪一種痛苦呢？這種
痛苦竟然超出神祇管轄的範圍，彷若被棄置，
只能獨自承受，無人能知、無人能解。

　　這種無人能知、無人能解的痛苦，是臨床
常聽到的說法，也是臨床難解的課題。在這種
感受下，個案很難描繪自己的感受，甚至也不
知要表達什麼，好像「無人能知、無人能解」
這個說法，就是最貼近心情的語詞。然而這種
概念下，有著排斥他人的意味，讓周遭的人在
他的心裡，輕易地變成了無人狀態。精神分析
認為身心是個連續的光譜，會交互投射，容受
彼此想要傳達的訊息。很多因為身體痛苦前來

---

[30]王明智，〈關於海洛因成癮的痛苦與榮耀〉，出自《「癮」是
心理創傷的答案或謎題？》，無境文化，2021。

求診的病人，會被轉診至分析治療，即是意味著身體痛苦背後的心理訴求。

佛洛伊德在《記憶、重複與修通》（Remembering, Repeating and Working-Through）一書中寫道：

> 「病人不記得任何被他遺忘或潛抑的重複，他們以行動表現出來，以行動而非記憶的形式來再現，當然這些重複是他自己在不知情的情況下進行的。」

最終回：「幻想交響曲」（Symphonie fantastique）女巫安息日的夜夢（Songe d'une nuit de sabbat）/怪物歡呼

賈絲汀想要效忠的人最後都離開了，最終留下來的是原初的離散與拒絕，她又再次回到那個熟悉的、空蕩蕩的，自我認同的客體失落感受裡，這也是自我的離散和失落。賈絲汀彈奏出那首被催毀殆盡的人生奏鳴曲，終至徹底捏碎了結婚進行曲的本質，改弦易轍，譜出個人另一個悲傷又傷人的魔幻樂章。

參考資料

- 《『癮』是心理創傷的答案或謎題？》，吳念儒等著，無境文化，2021。
- 《調情：亞當・菲立普論生命中的不確定》，Adam Phillip（1994），楊孟哲譯，究竟出版社，2001。
- 《當影子成形時》，Arfouilloux著，林淑芬、楊明敏、黃世明等譯，記憶工程，2007。
- 林衡哲，馬勒第二交響曲：復活
  https://mypaper.pchome.com.tw/classic/post/1322692737
- Freud, S. 1926. Appendix C, Anxiety, Pain and Mourning. Inhibitions, Symptoms and Anxiety.

《性愛成癮的女人》
在洞裡的世界，捕捉與前往

劉又銘

序章

　　該如何開始呢，起初是一片空白的，關於如何行走於薩所羅蘭的世界。我只像是手足亂揮地，在腦裡胡亂地想像，爾後想到而鬆了一口氣，就像呼吸到第一口空氣。

　　並不是要做電影賞析，那麼跟電影有關的精神分析，會是如何呢？我有著痛苦，寸步難行的感覺。我忖思，這電影帶給我的一切。突然間好奇，為此而在腦海中發生的一連串動作，又是甚麼呢？

電影之章

　　先從「電影」說起吧，當我思考時，若沒有這部「Nymphomania」，中文翻譯為「性愛

成癮的女人」，我今天要討論甚麼呢？我好像就不必討論事情了，我就鬆了一口氣。我不禁啞然失笑，我怎麼會有這麼荒謬的想法呢？

我是先這樣想的，人類的行為是存在著刺激與反應的連續關係，有這部片的存在，我才有討論的題材在腦中，正如導演要因某種原因導了這部片，要有演員願意演這部片，觀眾想去看這部片，看一半後還想繼續看這部片，我看過這部片，有一些話想說，所以我今天在這裡，這是我要說話的第一個點。

以此類推，各位今天來到這裡，各有著各自受到的刺激而接受邀請，以及各自相對的反應。我們從了解這個事情的基礎出發吧！

但是剛剛我的想法裡有一個漏洞，若沒有這部片會如何？今天我就不會講話了嗎？工作坊主題是「憂鬱三部曲」，從拉斯‧馮‧提爾的三部電影作為文本出發，如果沒有這三部電影，我們就可以不必討論憂鬱了嗎？或是我們就不會講憂鬱了嗎？我剛剛的想法裡，若移除討論事項，就代表不必討論或無從討論了嗎？

這雖像是個好笑的說法，但似乎可以說，我們的思緒裡可能存在著一些，在刺激與反應兩個點之中，隱藏著的過程。我們傾向於將看

得到的當作主要事實（看不到的呢？），會對於刺激做出動作（說話也是一種動作）作為回應，這動作的意圖似乎在於移除刺激，就像是我受到刺激而說話，是為了移除對我的刺激。而看不到的，就成了視野中的漏洞，當被發覺有異常時，會出現困惑或慌張或不適的反應，就像當我發現我說的話裡面有漏洞，我傾向於無論用甚麼方式也要把漏洞補上。這個我與漏洞的關係，是我今天要說話的第二個點。

我假設看電影，是導演在傳達訊息，演員表現的過程中，自己去感受發現甚麼。這種感受發現的了解過程，就像一種跟填補漏洞有關的事情，如我們所說，讓人生更豐富、了解得更多、更拓展視野等等，諸如此類，是把視野盲點補漏起來的感覺。我們喜歡我們是完整的，問題是甚麼是完整的？我們自一出生就算是完整的？甚麼感覺是完整？是自己一個算完整，抑或是與母親一同算完整？如果感受到完整的感受並不完整，這是甚麼人生的悲哀與錯亂？

為什麼我那麼愛看別人的事

電影都是別人的故事，但觀眾可以從導演

想要你看到的角度看到，大多時候是類上帝的視野看到，我們不在場但卻像主角一樣代入，這是甚麼樣的特權，或說是甚麼樣的牢籠？我們就像強迫地看見與感受，無法行動，因為你是看電影的一方，但或者容許思考（雖然有時可能也不被允許，或思考是不受歡迎的類型）。而這樣的過程，是自己一個人嗎？抑或是，像母親在你身邊，讓你看見世界是甚麼的感受呢？

以前我有個想像，為何電影不是以「我」的視角拍攝，大多時候我們在看「別人」的故事，我們花自己人生的時間，來看別人人生的故事，是在看甚麼呢？是學習別人的觀點嗎？是自己的觀點還是自己又加上別人的觀點呢？

電影：補漏工程

電影的演出要有劇本，關於劇本構思的想像，可以從古時候街頭巷尾的說書那樣開始，構思甚麼要被看，寫劇本的人看見甚麼，又要怎麼寫劇本好讓這些被看見，劇本可以或說也可能需要精心設計，一再修改。

相較之下人生就悲慘許多，無法修改、不能重來，甚麼被看見、甚麼不被看見、甚麼想

被看見卻看不見都直接發生，也一瞬間過去又過去，就算一再重複每天每天，我們在這之中能掌握的太少。

聯想起人生的悲慘

人生的悲慘，如果是刺激「憂鬱」的反應，是需要堵住甚麼洞啊？用動作來堵住洞，這是甚麼樣語言上的巧合呢？

當我聯想起甚麼，而讓某種巧合被發現，就有種異樣的快感發生。這說不定是有意的，當人類發明語言的時候，說不定就編寫了這樣的用意在裡面，讓人生的悲慘的祕密可以在語言、在電影，這些人類所發明的世界裡被一再體會，就像寶藏那樣藏在洞窟的深處一樣，但那寶箱其實就是人類老祖宗放在裡面的，這祖宗我說的可能是母親，可能是古老一點的自己，可能是雙方一起放在那裡或不小心落下的或根本無力繼續持有的。

於是這樣說來，人生是個大冒險河流，從不知甚麼時候想不起來的古老根源開始，就有了冒險的殘存記憶，有悲慘而不知所以然的失落，失落了人生的寶藏，透過悲慘的作用在這

裡面開出許多洞，你的祖宗在洞的裡面放置寶
箱，有關人生的悲慘的秘密。

Infantile wishes：寶箱裡的花樣

　　關於這個深層古老的洞和慾望，我進一步
說明自己的想法前，先引用吳念儒心理師對於
這部電影的某些看法的論述，作為我的出發：

　　　　剛才談到「嬰孩式期待（infantile
　　wishes）」，這讓我想到電影裡一段呼應
　　的對話及片段。喬在電影的中後段提到一
　　位「危險的男人（dangerous man）」，K先
　　生。這幾乎是喬的生命中，追逐性滿足的
　　最後一站。喬幾近絕望地，為了尋回自己
　　的性慾，去找了這位提供鞭打、性虐待服
　　務的K先生。

　　　　喬談到這裡，跟塞里曼討論起這是暴
　　力的系統、一種受難的取向。這時，喬講
　　了一段，也許是在說，對她而言也是謎團
　　的話，她說：「不知道我們的性慾哪裡來
　　的？傾向是哪裡來的？可能是童年形成但
　　未曾顯現？」

塞里曼說：「佛洛伊德說，兒童有各種性慾存在，也有各種倒錯，這些性慾和倒錯會在童年縮減或去除一部分。

兒童性慾是多形的。對嬰兒來說，一切都與性有關。」[31]

補不起來的洞

看電影的時候，往往容易一遍又一遍地看自己想看的橋段，就算不是倒帶回去看，也會在腦海裡重複播放那些片段，這樣你會形容我是強迫症還是成癮嗎？

這種過程裡，似乎想擁有甚麼卻又往往會逐漸地從縫隙中逝去，或者說，從洞裡面溜走了，還是說，溜走的過程又形成了一個洞？這個洞是否追尋著上一個洞的足跡，而延伸著人生的秘密的河流？

或許人，從第一個洞的開始，無論是有看見或是沒有被看見，都開始在洞裡生活著，而繼續用河流傳遞著洞裡無法帶走的秘密的遺跡。

---

[31]吳念儒，〈愛，癮性埋名〉，出自《從過癮到上癮：癮是心理創傷的答案或謎題？》，無境文化，2021。

執著？成癮？

執著地一再體驗一再逼近，是想更了解更掌握甚麼東西，甚至想要合而為一，成癮狀態下對那個行為的需求感，彷彿代替我而存在著，代替我的其他需要，廢寢忘食，更可以說是熱愛？

英文有個字叫做「enthusiam」，常用在形容宗教上的執著與奉獻，一次又一次，誓言永不分離，像是一種狂熱又無比堅定的愛，忘卻其他事物的愛。是甚麼事情需要這樣，永不分離的堵著？我想，一定是人生中很重要很重要的事吧，就像保存生命那樣的重要，保存已經不被記得的生命。

成癮的補漏工程？

電影的成像，佛洛伊德在《夢的解析》中，比擬心智裝置的機關時，形容如同照相機，用一層一層的底片，儲存感官經驗、行為、衝動、情緒、事件記憶。而反推則會發生甚麼呢？不禁好奇想像成癮行為的時候，到底是儲存甚麼記憶在裏頭，那刺激使自己不斷發

生成癮行為的反應，是要去補甚麼漏洞嗎？他們好像也一次一次用成癮行為去塑造新的記憶成分，去接觸那個已為自己所不清楚的漏洞，這行為是否仍有著要將漏洞補上，但或許仍有著補不上的遺憾。或者也有時候可能是，有甚麼要從洞裡出來的，要阻止它？

帶著這樣的假設，我們就從此進入正片吧，既然我用漏洞的觀點來看電影與人生，那麼我也想像著，片中許多分割的片段，像是不同的洞，一個一個的去補，所以我也試著用一個一個的片段來談，甚麼樣的動作發生在補不起來的洞中。

入洞之章

從魚餌開始：在下雨的冰冷屋簷下，空空如也的鐵鉤，一個負傷的女人躺在地上，一個男人走過巷口，他又回頭，看見了女人，走向她。他們回到男人的家，就此開始了他們一對一的談話。

女主角看見牆上的魚餌，開始聯想起自己的人生，比如在火車上釣男人。其實我想，我們都有點像魚游進了女主角的人生裡，女主角

一開始躺在地上的姿態，像不像魚餌，吸引前來了解者掉進她人生的湍急河流裡。

洞裡的河流

在河流之中，有許多位置，供不同魚兒棲息洄游，正如我們在彼此的人生河流中，互相扮演著魚兒的角色，我們也可以把整部片看成是個魚餌，我們游進了導演創造的河流中，汲取我們想要的豐富之時，導演的河流裡也多了我們。我們都是被放進了人生的河流裡，從此開始找尋自己的棲身之所，而在這條河流中找尋可以停留或是表現自己的故事的迴流的機會。我們時而可能像是一條河流動著，一個洞停留著，或一條魚徘徊著。

我所闡述的，原來不一定是電影本身，而更可能是電影刺激下，我的洞和洞裡所發生的事情。

流出洞口的河流

我們看這部影片，也像允許導演以女主角的人生影片作為餌，我們進入他捕捉到的河流

裡，這些河流進入我們，像是某種灌溉，滋潤土壤，穿過我們的洞。

這令我想起拉岡（Lacan）所說的，有關嬰兒照鏡子來形成自己的事情，我們是否在影片中尋找我們所說的共鳴，那是某些落在我們洞中的影子，我們看見這些想起甚麼，好像得以將洞堵起來，得以完成一個更令自己滿意一點的自己，但我相信並且現在這樣說著，我們能看見的可能是鏡子中自己的影子舞動，而那些我們能看見的原因是，我們正在追尋自己的影子的形狀，好來讓自己感覺自己是甚麼，試著拼成一幅完整的感覺。。

釣魚這件小事

魚餌與釣魚的關係，就像有關如何在命運河流中，找到棲身之地：釣手與被釣者，本是命運的一對，釣魚釣起生命之時，也是死亡的同時，那是釣胃口與憑弔之間的共同意涵，也帶有一種不確定的哀傷感，等候魚兒前來的時候，好似等候愛人前來那般的感覺嗎？這種不確定感，是否也是釣魚中的一種不可或缺的完整？

釣魚、性愛、與哀傷

　　釣起魚的瞬間，隨著魚兒的死去，喜悅是否還會存在呢？還是只能等待下一場投入再重溫？就這個狀態看起來，或許像愛情，更像性愛了。

　　在這種不確定而保溫的狀態裡，性愛是在做甚麼呢？不禁令人懷疑起，是否有可能是想用性愛來確定自己的位置，用性愛來掌控生與死，或用來取代想掌控那無法掌控的感覺而來的感覺，姑且讓我為方便將之簡化（像夢中凝縮作用，凝縮為一個意象這樣比較好被表達）稱之為像是「無力感的哀傷」。

性愛的女娃娃

　　「從兩歲開始，我就注意了自己的尻（cum）。」往後裡，她的故事離不開尻的關係，人生的重要場景裡，總有尻的存在，很搶戲，像是陪伴女孩兒的娃娃不離身，但越來越成形，終至長成一個超過本人的娃娃故事。她，是不是就好像是用性愛來看世界？性愛如同一扇門、一扇窗，走出去走進來，在她與男人的關係中，她得以用此看見世界許多面貌？她與父親、與母親、

與她交託終結童貞任務的男人間的關係？

　　對待自己的屍的方式，那是一個人想像該如何對待自己的親密方式嗎？比如說，如何自處於母親對待自己的冷淡呢？在自己跟母親的記憶裡，能想起來的母親是只在乎她自己的紙牌，這樣的記憶代表的自己在哪裡呢？好吧母親這樣，那父親呢？父親熱衷於研究樹，同時，如何感覺父親呢？父親是否是避開與母親那不與人相處的部份在相處呢？這裡的每個人都像是個物品，好物品壞物品，而女主角對待屍的方式，或說對待自己的方式，就像是個好或壞的物品，要如何玩弄這物品，是這樣的意思嗎？

　　爾後出現或是說必然出現了那男人J，她請求那男人J插入，拿走她的童貞，那男人修車到一半，就這樣插入了3+5下，然後回去修車，車子和一個女人的童貞，誰比較重要呢？往後他們重逢，他自戀地與她競賽，比誰能用掌控對方來贏得更多自戀女神的微笑。然後他離開，就在她以為她可以得到他的時候，以毫不留戀的方式，不留下自戀的機會。這又是個悲慘的洞了，關於物品如何被丟棄的洞，像洋娃娃被拋棄到垃圾桶裡。

女主角的重心一直存在於性愛行為之中。性愛的存在是什麼？我懷疑當我們看到一個對性愛執著投入的人，為何我們說「性愛成癮」，而不是「吃很多性愛的人」？為何不是說暴食？有學生問我，為何不是誠實面對身體的感覺，當身體沒感覺我們就說沒感覺就好，而是說「性冷感」，我們似乎更傾向一種給予性愛特別關切的描述。

　　我們給了性愛一個特別的地位，就像國王與女王。我們可能在說，我們有許多臣服於性愛的時候，但我們更可能在說，這是個暴君，會肆虐破壞我們的人生，而身為人民的我們會不會想著伺機推翻？但或許更常見的是對君王暴力的無可奈何與無力回應。

　　這會不會是甚麼人生的常態？孩子們喜歡把洞堵起來，孩子們喜歡的原因是甚麼，當然不知道，我只是想，那跟我自己一定有甚麼關聯，跟我為什麼想到有個洞的感覺有關聯，當人們想到對性的思考，常落入禁忌，尤其跟兒童有關時，更是忍受不了，就像一個敏感的死穴一樣。

　　講到君王，就想提一提更高大無上的存在，神的存在。有意思的是，前面所說的性愛，居

然可以包括各種特性，神聖、高潮、猥褻、褻瀆。宗教是常常跟性愛分開兩邊遠遠的，但他們有著如此相似與如此相反的特性，你可以說好似上帝與魔鬼的關係，好似性愛之中包含著兩種不同的感受，會不會都跟洞有某種關聯？都是填洞的東西嗎？有問題，用答案來把洞塞住，就不必再動腦了吧？想起了比昂曾說，答案本身就是問題的所在。

所以我的假設是，性愛本身被當作填洞的用處時，洞裡面埋藏著甚麼樣秘密，是不為所知，但可以從性愛的情形去了解嗎？再往下看，我們發現片子繼續描述女主的性行為繼續增殖與演變，但都是行為，沒有機會闡述其中的更多感受與想法。

會不會，這就是這行為的用意呢？為了不能被理解的感受與想法，性愛行為反倒像宗教上的殉道者，一路苦行，只因無法被理解的感受與想法？

動之章

故事進展下去，就像人生無情推進。在洞與洞不斷地被填滿與維持空缺的日子之間，她

迎來了父親的死亡。

父親曾對她說，森林中有一顆最美麗的樹，招來其他樹木的忌妒，只有在冬天葉子落光時，樹木顯現出樹木的靈魂，那是如何讓枝葉迎向陽光的樹木身影，而光臘樹的黑苞也被看見。父親的目光看向遠方的樹，對她說著話，如此愉悅，我不禁替她想像，到底是她被父親看見了，還是她被迫看見父親看見的愉悅（樹木如同性器？那是無法性交的快感？）她是見證父親快感的女子，但只能看見。

我不禁懷疑我看見了甚麼，是否這是種不想被看見的悲慘，但他與她是如此愉悅，如此美好，而又令人想在這悲慘中多看一眼。是的，即使是悲慘，但總是比甚麼都沒有被看見要好吧？

在她描述的印象中，父親是好的那一個人，相對母親，父親的好是存在的，父親的崩壞（死亡），相當於她世界中好的部份的死亡，一個洞的張開？父親死亡之時，她以性器流下了淚水。

當好的感受消失之時，被拿走的好，會不會也讓好與壞的分隔線消失，如果沒有好，壞又有甚麼差別呢？或是說，好壞本身的存在，

是為了裝載甚麼無法承受的動力，比如，活著與否的問題。如果有好的感覺，彷彿就可以憑藉此活下去；如果有壞，那就避開壞而活下去，這樣就可以擁有些仍然活下來的感覺嗎？

母親是那麼冷淡，在她意識中（影視中）甚少的存在，是因為壞的關係嗎？不只是缺席，而是因為壞，她讓母親在意識中缺席了？或是母親被賦予了壞的意義而被消失，讓這種消失來承載了那個死去的感覺的重量？

當發現，就算多好仍然會無法活著（父親就算被看成好的，仍無法支撐自己活著，更糟糕的是，父親的好也死亡了，在生命的無力面前），會不會讓勉強支撐著的，能夠因為還好有好的，所以就有活著的感覺或活著的意義，當這件事情消失之時，是否好壞就像破碎的器皿，無力再支撐著甚麼。那麼，生命本身似乎不需要勉強要求自己要好或要壞，而是更加接觸到了生命本身的破碎感、容易受傷，更需要被把握的感覺，那些容易達到高潮又反覆發生死亡的事情——性愛，就像洞裡必須流出來的河流，必須繼續流動著，以表達這種人生感受的無可奈何。

雖然可能如上假設，但仍不曉得如何開始

的，她的性行為開始繁殖，在多個男人與自己的組合之間，她講述了如同三重奏的巧妙之處：那是三種單獨的和弦，在一起卻組成和諧的合聲，包括：她享有支持她崇拜她的男人、她等待著前來支配她占有她的男人、她重逢了帶走她自戀機會的男人，這三種強烈而獨特的位置。

令人好奇想起，三位一體的本我、超我、自我，也是三重奏的關係嗎？或者說，要創造出某種樂章，讓三者能夠都發聲，生命因此才能演奏出美妙感覺的樂章。

於是我又想像，插入者與被插入者，獵物與被獵者，釣魚者與魚兒，竟如此相近，透過這行為將兩者綁在一起，是同一種東西，因為互相配合。這麼豐富的關係，為何不能滿足呢？她是這樣說著：填滿我所有的洞。

她說：「填滿我所有的洞」，接著就感覺不到性了。她談到東西教會：西方教會的教義偏向人內心充滿罪惡，痛苦與贖罪，之後產生了東方教會強調人生要追求喜悅，喜樂與光明。在這一堆故事裡，光明與黑暗，喜樂與痛苦，被狠狠地分開，就像拔開兩條腿，中間出現一個洞，是哪些洞被生出來？

分裂的洞

我跟我自己，你跟我，我與感覺，愛與性，它們被惡意分開，用痛苦當作屏障兩者的河流，當感覺到愛進入，性就被背叛，當感受到性存在，愛不被允許存活？我的存在，不允許另一個我的存在，這是甚麼呢？這是否是甚麼古老的詛咒或記憶，在某個應許之地沒有自己的位置？

彷彿是轉化症，她感受不到性的感覺，讓自己不再性感。器官的功用失去了，是否也像是在說，人的功用也失去了的這件哀傷的事？接著，「不斷地重複」又登場了，成癮登場之後，將自己與他的關係中脫出，將自己從與他的關係中拖出，就像帳號只有一個，無法同時登入一樣？

當關係受到成癮的摧殘與挑戰；性欲滿足不了之時，逼對方放棄與自己的單一關係，當然，是不是其實也受不了這種單一關係的不確定性，這想法有點怪，因為多重關係才帶來不確定性不是嗎？但那其實可能像是在問：我真的受得了單一關係嗎？還是我其實只適合多重關係呢？不要勉強自己了，我只是將注定分離

的命運帶給自己與他而已呢？

在這些電影片段的洞裡，發生了些關於失去的事情。

物品化（失去自己）

她找到了一個語言不通的男人一起性愛，無法以言語溝通的性行為，她發現這件事讓自己很興奮。找語言不通的人，就像找個不是人的物品；將對方視作物品，對方也以物品來對待自己，就這麼找到屬於自己的洞鑽進去。那是個防止遭受轟炸的防空洞？

人為何要說話，是有人在聽嗎？如果有些不想聽的話，我們該如何處理它？掩起我們的耳朵？蓋住我們的耳洞？改變某個器官的功用，正如改變自己的功用。

粗暴的對待自己

她說自己認同直言不諱，要直接說出粗鄙，是讓粗鄙挑戰自己還是社會，還是社會化的自己吧？讓社會注意到自己即使是粗鄙，不，正因為是粗鄙，那是種被社會移除的憤

怒，社會禁止粗鄙的言語，禁止自己內心裡的一部份，社會是如此粗鄙地對待自己，試圖讓自己移除掉自己，所以，讓粗鄙說話，對社會說話（怎麼說話已經被社會封死了吧？）。

誰才是主角

女主角找到個男人，男人又找了男人的弟弟來，當奇妙的三人即將在未商量而下意識同意開始3P的時候，男人的陰莖插入她的兩個洞中，男人間互相感覺到彼此的競爭，因此爭吵起來，關於誰能占據女主角主要的洞（陰道）成為爭吵的點，男人們卻有點好笑地忘卻了，女主角在此時她已經悄悄離去，彷彿暗示著她掌控了自己的洞的主導權，這樣她才是在這性愛中真正能夠占據洞的主角。這讓人有點昏頭轉向，彷彿錯亂的關係邏輯，那是說，看電影的時候，誰以占據主要的洞而自戀自豪嗎？觀眾，演員，導演？

SM的測試

下一個片段的洞中，女主角一連串性愛無

感（洞再也不能用原來的方式就滿足了，為何如此呢？或這是種成長？就像小孩不再滿足於同樣的遊戲了。）之後，而查詢到某個SM的男人，男人懷疑她是否適合，給她狠狠打耳光測試。她來到門口，帶著會被傷害的恐懼，這恐懼是一道有形也無形的門，使她無法進入。被遺落在外的女人，想要跨越到那個世界，去尋找不知道在何處的自己。

若社會問，給一個合理的解釋吧。自己說，無法給合理的解釋啊，因為不能說話啊，或這不是說話的世界啊，若要說，就說是神祕的洞吧！那麼這裡面，有不甚詳知的寶藏囉？她說不知自己為何找上暴力來當作恢復自己性欲的理由，自己有反骨的天性，所以找到想要的歡愉與社會全然相反的途徑，當作最後救贖？罪後救贖？也許我使用諧音的聯想，也是對語言的反叛，是對語言禁錮自己的反叛。有甚麼罪呢？何罪之有，想找到屬於自己的東西，何罪之有？

關於受難與受虐

耶穌受難記，充滿了暴力的系統，女主上

演的性欲恢復記也因此像是追尋耶穌的腳步？哇，這可是種褻瀆，但褻瀆神明的用意，原來是否是要藉用褻瀆將自己與神明更加混為一體？因為那無法忍受而分開後出現的洞，也讓人無法忍耐而想要填補。

關於某些自覺有罪卻具有虐待特質的舉動，佛洛伊德《The Economic Problem Of Masochism》裡這麼說：

> 「道德性質的受虐是無意識的，這個事情給了我們明顯的線索，我們能夠翻譯『無意識中的罪咎感』的意涵，為一種由親權之手給予懲罰的需要。我們現時明白這種被父親毆打的願望，時常出現在幻想中，與另一種願望相當靠近，那是一種被動性的（女性特質的）與父親的性關係，且是這關係的一種退化性的扭曲。
>
> 如果我們將這解釋放入道德性受虐中，則所隱藏的意義將對我們顯明，意識與道德在渡過伊底帕斯情結的克服，去性化之中崛起；但是透過道德性受虐，道德再次變為性欲化，伊底帕斯再生，而從道德通

往伊底帕斯的退化之路於是開放。這既不益於道德也不利於當事者。

　　真確的是，一個個體可能在他的受虐之旁保留著完整或部份的倫理感；但是作為交替的，一大部份的良心則消失隱沒於他的受虐之中。再一次，受虐創造了實現『有罪動作』的誘惑，這必須之後藉由施虐性良心的責備而贖罪，或經由追逐偉大親權的命運而贖罪。為了引發父母代表的懲罰，受虐者必須做出不合宜之事，必須其行為違反自身利益，必須毀滅他自己的現實世界前程，甚至可能必須摧毀自己的存在。」

　　受虐的時候，男人說你沒有名字，對你名字沒興趣（性趣？），名字彷彿沒有價值，若要就給你一個名字，名字被給予了，也許就像有一個生命被創造（挖掘？辨認？），非本來的名字。暴力，沒有你自我的存在，只有被硬塞的指令，沒有選擇的權利，沒有逃走的機會，只有等待結束的絕望，不准叫，直到你被打。聽見這故事的人，也只有沉默的能力，如同不准叫的規則，被硬塞了的感覺。

或許恨的本身是，恨你不能感同身受。在結束之後，濕了之後（失了之後？），我們才可以說話，說不知道這性欲從哪裡來，才可以痛快地說不知道，很奇怪。我們終於可以認可，自己不知道，就是不知道。

　　是那個童年形成的洞，卻從未顯現？佛洛伊德提到的「兒童多形性性欲」（polymorphism of sexuality, infantile sexuality）是，兒童時期就存在多種不同方式的性欲，成長過程逐漸消減，從有多種性倒錯變成越來越少，「嬰孩式性學」（infantile sexuality）跟一切都有關，那也包括兒童時期跟父母的關係，所以成癮那種無法被滿足的感覺，跟甚麼有關呢？是否你發現如同你的生殖器帶來的感覺，有個洞填不滿？她在痛苦之中張開，她像一棵盆栽，被檢查土壤是否夠濕，她終於想起像一棵爸爸眼中的美麗光蠟樹，因著被痛苦餵養而滋潤。

　　下一個片段的洞中，女主角在聖誕節面對「是否要背叛自己的孩子與男人J」的罪惡感，以及是否要選擇滿足自己的慾望？她在心裡糾結中離開了家，在痛苦不堪的鞭刑中歡愉度過聖誕。

　　有罪的感覺是否讓自己更進入了神聖的境

界？有罪贖罪，沒有罪哪來的贖罪？另外可以說的是，有枷鎖所以有解脫？有洞所以有填滿，有憂鬱所以有歡愉？這的確非常地悲哀，換言之，對主角而言，非常地歡愉。皮開肉綻、體無完膚之中，卻讓自己感到完整了，因為原來的自己本是破碎的，有罪的自己才是神聖的？

打結，話題打結，維繫住對面的人

在聆聽這些慘痛不已的故事之後，主角對面的聆聽者提到，他聯想到了普魯士結，這是一種受施力就縮緊的結，在普魯士登山的時候險些失足，因此發明這種繩結，綁在太細的登山繩上，救了普魯士自己。

主角稱這個話題超級離題，但真的離題嗎？就像這個話題會有危險，會拆解了原來繩結的魅力？施力就會緊縮，反抗就會拉緊，遠離這個話題看似安全，但是其實在反抗這個話題時，讓繩結的張力縮緊，就像陰道的緊度，或是不讓聽者逃離這個緊度，也就可以不讓自己面對有人逃離，而救了自己。

謊言、碎、討厭

聆聽者於是繼續詢問，你回家後還見到孩子嗎？主角先回，再也沒見過，接著憤怒將碗撞牆，指控這種悲傷的情緒是討厭的，因為是謊言，但是是甚麼謊言呢？對誰說的呢？主角沒說，我也在想著主角悲傷的情緒是什麼，為什麼討厭。主角接著說，男人J將孩子放到寄養家庭，因為J清楚J自己也無法照顧孩子。是這個J的謊言令人憤怒嗎？J長年在外，要她在家中照顧孩子，是這個看似在而不在的謊言嗎？應該有著我們聽不懂的謊言在裡面，謊言讓人討厭，孩子最難受的一件事是大人說謊，那是否意味著人就有說謊的可能，包括自己，最討厭這種情況但又不得不說謊來稱自己沒有說謊？討厭，我連說謊的機會都沒有嗎？

鏡子：終於來到無可迴避的距離

於是電影的故事越來越涉及主角與聆聽者之間的關係了，就像治療室內，治療者與被治療者之間的感覺，就像在鏡子前越來越逼近的自己的影像。鏡子的功能是映照自己，鏡子會

不會說謊呢？女主角說，公司主管問自己，是否聽說大家對你的性行為的傳言？大家對你的行為的反應？你看到血跡，從自己的身體中流出，身體映照出你的受虐過程了。你太害怕懷孕，所以連避孕藥都不吃，有人說你太害怕，在內心壓抑這個事情，到連想都不想去想所以也不去看見。不想感受到這個事情出現在你的思緒裡，不想煩惱有或無的問題。你其實不一定想看鏡子，或是這樣，你在鏡子的影像前仍然需要謊言。

聽者與說話者的鏡子

　　回到用我跟你來看事情的這件事，本來像是聽故事，隨著時間（電影）的進展，如同治療室內，事情的距離慢慢地拉到了我跟你之間，演出者與觀影者之間，就像鏡子裡外剩下我跟你，洞口洞外就是我跟你，或者有一種期望，我就是你那樣的去感受。身為觀影者的我，開始想用跟你說話的方式來互動，在接下來的片段裡，我將轉變為這種方式去闡述。

　　在接著的電影所呈現的洞之中，女主角你又懷孕了，必須墮胎，這一次你更進一步地選

擇了（剁胎）疼痛，透過慢慢擴張子宮頸與慢慢刺探，戳入柔軟組織的過程中迸裂開來，並且持續存在，這一般是在麻醉下進行，但因為專業心理學家的不建議，而在自家的地板上進行，真該死！在有如滿清十大酷刑的疼痛陪伴下，自己親手殺死了那個胎兒。這過程為什麼就像是鏡子一樣的存在呢？像是映照某個不應該存在的生命，該死的。說實在，身為觀眾的我有點看不下去了，我又想起你是否也有看不下去的東西，叫我與自己轉頭別看呢？

你，看看我吧

為了證明惡意的存在，你持續做出惡意的試探？一直說我是罪惡的，你抵抗著，我將你往死裡打去，枉死了你。你一直都妙語如珠，現在說不出話，你被摧毀，證明我的惡的勝利，運用過程的殘酷是種惡意，抵抗承認我的罪惡也是種惡意？看到你這麼激動地捍衛自己，是種美妙的經驗，像是我引起你某種生命的悸動，看到我能引起這麼厲害的反應，我還真是驕傲呢！你，看看我吧，你看見我的洞了嗎？用你的看見，填補我生命中的洞嗎？

這讓我想起了作家卡梅答悟得書寫了一本替卡謬的異鄉人裡，殺人犯重新翻案調查的小說《異鄉人：翻案調查》，有一段這麼描繪這位在異鄉人裡被審判的心情：

　　「愛情，對於我，是無法解釋的。我總是帶著訝異的看著情侶：他們那總是緩慢的步調，那從不停歇的探索，連吃的東西都相濡以沫般混在一起，通過手心又通過眼神去佔有對方，穿過各種邊界去更融為一體。我沒辦法了解那手牽著另一隻手的需要，沒辦法了解那不願鬆開，要在另一個人的心頭放上一張臉孔。相愛的人們，他們都怎麼做？他們怎麼忍受對方？是誰讓他們彷彿忘記，他們出生時都是獨自一人，而未來也都將獨自死亡的？我看了很多書，愛情在我看來是種妥協，但絕對不是神秘。我覺得，很多人在愛情裡感受到那些，我呢，我比較是在死亡裡感受到：凡是生命都有的不確定性跟絕對性的感受、心的跳動、在一個失去光彩的身體前那種哀傷難過。死亡，不論是我被死亡或是我讓人死亡，在我來說就是唯一的神

秘。所有其它的東西都只是儀式、習慣以及可疑的共犯。」[32]

P登場了，P是個沒有父母的孩子，P的存在，像補足我生命的洞，但也取出我生命中的痛。你半途養育了這個孩子，看似重新擁有了生命，但這個生命如此容易遭到改寫，跟著J一起反擊了你短暫的自戀滿足的機會，並且虐待性地回擊你曾用P作為自己生命替代品的事實。

其實她，與你，或許只想要找一個棲身之所安放自己而已。但她可能感覺，自己像是一條魚兒，游在河流之中，若要找尋安身之所，也須經由湍流險道，在釣與被釣之間，插入與被插入，找尋填滿那填不滿的感覺，在那之中才有她的棲身之所。

末章

最末，電影發生在一片漆黑之中，看不見但聽得見，在黑暗發生的事情。所以我也維持自己，在黑暗之中看不見事情的樣子吧，就只

---

32 《異鄉人：翻案調查》，頁119，吳坤墉譯，原著作者Kamel Daoud，無境文化，2019。

是靠著聽覺去拼湊，與想像發生的事情。

　　請容我仍稍帶模糊地，因為真實地說，我並還沒有清楚的想法。而模糊的東西之所以還能夠出生，是運用了像藝術那樣的技法，將看見時與看不見時的陣痛遮去，若隱若現。如果這樣令你感覺不太能忍受，那或許是心中的影子不想忍受看不清楚的不確定感吧。而我的洞接納這種不確定感，或者說，在此時此種狀態，暫時不被看清楚也是好的，起碼是一種表達方式，為了那些不確定感的安全。

　　我寫作的時候，滑鼠墊上正寫著：「早洩治療新藥：More control，more satisfaction。」成癮的人是否想回過頭來控制什麼？（權威與掌控，性愛感覺的壓倒性力量與掌控權）上下之分，性愛的糾纏可以顛倒上下。

　　越說越不容易說完，這通常代表是人生成功被找到的訊號吧，就像洞中洶湧而至的訊號，會淹沒自我，就容我以性高潮做比喻。一遍一遍的走過性高潮淹沒的痕跡，那些強烈的感覺就像海浪淹沒人生，捲走不確定的感覺。海浪退潮之後，可以看見些許坑坑洞洞的，也許是關係上面的坑疤，也許是身體上面的傷痕，在慘無人道的人生，與眼前所見到的坑坑

巴巴之間，可能難分軒輊。若要除去眼前這些對自己的刺激，再一次召喚海浪般的感覺也許是可行的。

海嘯之後，劫後歸來，或從未歸來，在歷經河流沖刷多次的傷口後，已面目全非。而用來抵抗洞中湧出的訊號，也成為了洞的形狀，我們從中間可以發現線索，但回不去洞的原貌，事實上，也從未有人能夠改變過去，頂多是竄改歷史，企圖將洪流堵上。

在這之中，精神分析企圖做些甚麼呢？我自己這麼想，並試圖說說從自己河流裡傳來的聲音，這不過是一種提供給大家的，我對於精神分析的想像，也許可能是一種陪伴，陪你看一些你會想拾起但從指縫中流過而你不斷想掌握的感覺，當然有時這種感覺是反過來的，你感覺自己正被甚麼感覺掌握著。

我仍堅持地覺得，是我的洞在動作，當我看見電影的她的動作，我的洞迎接了照進來的光，產生了影子，而想起來，我從洞聯想到動的時候有種悲傷的感覺，之所以我能想起來，這種聯想的牽線，是因為有種悲傷是被想法堵住的，聯想做了逆轉的回推，從我的洞與洞之間，連線起來。並不是內容本身的悲傷，而是

聯想的發生，聯想之所以發生，是因為某種悲
傷被藏起來，或者需要被找到。洞與洞之間，
需要留白，如同文稿每一行之間留白，留有想
像的空間。

　　啊，這就是我的洞啊，河流流出去，河流
與洞形成一種交纏，延綿，延綿，而我在洞
裡，觸摸著洞與河流，想像著陽光與海洋的模
樣。想像著其他洞的模樣，那是我得以在河流
裡游泳的模樣。

「憂鬱三部曲」
我們談電影，為了臨床想像和認識自己

蔡榮裕

讓我為我嚴酷的命運哭泣

我渴望自由

我是多麼渴望

　　這是《撒旦的情與慾》低沈歌聲裡，開始哭泣和憂鬱的述說，歌詞容易理解，但和自由的渴望有關係嗎？歌聲裡，有著黑白片男女做愛的慢動作，一旁直立式滾筒洗衣機翻攪著——做愛和洗衣機裡衣物翻滾之間的聯想不會太難。這些顯示著要自由的渴望嗎？是什麼被綁住了嗎？是年輕夫妻的孩子死了後，自由就消失了嗎？更殘酷的想法是，孩子在時，大人無法有自由的渴望嗎？

　　嬰孩不論來自父母多少的愛，他都面臨著一場人性戰爭——什麼時候可以讓自己的作息，和大人的日常生活與工作一致？雖然一直有著

「母愛是天性」的說法，但這種天性同時埋伏著一場無聲的戰爭，可能有著小孩叫天叫地的哭聲、大人做愛的呻吟聲，這些聲音是自由的渴望嗎？每個聲音都是傳達著要到遙遠天邊的自由嗎？

假設都是從失落死亡的深淵裡回來

我們不是以「什麼是憂鬱」來診斷電影，而是以這是人性一部份的角度來書寫。導演拉爾斯・馮・提爾自述在憂鬱症後，拍攝電影「憂鬱三部曲」，如佛洛伊德在父親死後的自我分析而寫出《夢的解析》。我們也以「憂鬱三部曲」如《夢的解析》的平行想法，來書寫我們的「憂鬱工作坊」，透過三部曲的影像、音樂和情節故事，了解和想像潛意識裡的某些層面。

佛洛伊德的知識生產，有部份是以「症狀」和「夢」相互對話而建構起家，如果我們以臨床經驗和電影裡的所見所想（廣義的「反移情」）對話，不管與臨床常見現象之同或不同都可以談；何以同？何以不同？是否還有什麼可以多想的？

如果性活動是生之本能的驅動，我們需要說明，何以性有著不同的表達方式？何以有人會走到完全無力感而變得性慾望全然消失？

在比喻上，是假設人都是從失落死亡的深淵裡回來，但有人回不來了，而回來的人要如何再活著和走下去，也許可以說，這是溫尼考特（Winnicott）的「真我」（一堆活生生的能量），透過各式防衛的需要而不得不建構出的「假我」，但真我也要滿足自己，那麼真我和假我的妥協是如何成形的呢？畢竟真我和假我是一起存在，無法相互取代，甚至是缺一不可，無法獨自存在。也許有人覺得，真我和假我只能擇一而過活，但實情上，它們更像是前後兩匹馬，拉著一定要兩匹馬才拉得動的馬車。

我們要如何避免某些帶來破壞性的行為？那些可能會被以為是「真我」在伸張自己，是要去實踐它的主張。也許這個疑問，是各位都有的困惑之一，這讓我們寫出想法和理論，然而也要論述可能被誤解的部份，才能呈現一般的多重想法。

朋友「愚神夢疆」（Somnifolia）在2020年11月19日的臉書上寫到：

「從集中營存活下來的我們，不是真正的見證。我們，是透過推諉、技巧、乃至運氣，始終沒有觸底的人。那些曾經觸底、或曾見過死亡蛇妖面孔的人，沒有回來，或者回來後，從此不發一言。」

—— 普里莫・萊維（Primo Levi）

了解對方需要多少盲目

《撒旦的情與慾》第一章「悲傷」。小孩意外過世後，只有太太在悲傷而已嗎？先生呢？我不想從男女的「意識型態」角度談論表面的差別，那樣可能無法在深度心理學更往前走到潛意識的想像，也無法建構故事的多重形象。我是假設，兩人的悲傷是一樣的，如果有不同，那種差別是來自於兩人的成長經驗，不過這部影片並不是從這個角度探索，劇中男女主角都是空白歷史裡突然出現了悲傷，而在親密關係裡，當有人想要以治療師自居來幫助另一方，似乎反映著他自覺早已知道是什麼問題了？但是失落和悲傷，可能讓人再陷進另一場未知的創傷裡，若創傷本身再加上創傷，這樣似乎符合心理深處潛在認為的，是自己該有如

此遭遇作為懲罰？

　　我無意說，男女的因素不會影響如何處理喪子悲傷的方式，不過我是假設，如果兩人都有著悲傷，何以會有不同反應？真的不同嗎？男方是主動要當治療師，女方是被動的接受。這種主被動也是表面的，如果有潛意識，我傾向假設兩人都有主動也有被動。兩人不信任精神科醫生，因為他們覺得悲傷不是病，不必看醫生。不過請各位不要誤解為：一定要看精神科醫生；我只是依據電影內容有各種推想。畢竟悲傷是如此常見的情感。

　　先生自比心理治療師，是因為更了解對方嗎？他們這麼做似乎是後續出現難題的內心基底，反映著，當有人覺得了解對方，其實是需要盲目去忽略其它，才會有了解對方的感覺浮現；這種感覺是如此真實、深沈，一般來說，也是難以剎車的想法——當我看到電影這些情節時，一直想著，他們到底有什麼地方可以稍微停一下，只要任何一方這麼做，也許就不會下滑到他們受創的內心深處，最後帶來驚悚暴力的恐怖結局。

　　導演想要表達的，是比我原先預期的還要更原始的情緒和妄想，因而帶來後續的殺機。

男女主角以心理治療的方式，歷經複雜的情緒糾葛，太太處於妄想狀態，以不准先生離開她為由，殘忍地出現暴力的舉動。如果純粹以悲傷和憂鬱來說明這個暴力的結局，我覺得會有些牽強；還是需要有更深的原始想像，作為催動的因子。不過我無法說，那一定和原始失落創傷有關，這麼說可能會帶來一些顧慮，例如，是否會污名化了「憂鬱」這種古老的情感？

關於古老情感，王明智心理師在〈關於海洛因成癮的痛苦與榮耀〉一文中，談及劇中的導演薩瓦多的身心狀態：

「精神分析認為身心是個連續的光譜，會交互投射，容受彼此想要傳達的訊息。很多因為身體痛苦前來求診的病人，會被轉診至分析治療，意味著身體痛苦背後的心理訴求。

薩瓦多排山倒海的疼痛歷史讓人不禁咋舌，各色疼痛宛若宏大的身心交響曲，鋪陳出主角獨特的生命史詩。

最後一句：『在各種痛苦襲來的夜晚，我相信上帝並向祂祈禱，但僅有一種

疼痛襲來的日子，我是個無神論者。』

　　讓人不禁玩味，究竟是哪一種痛苦呢？這種痛苦竟然超出神祇管轄的範圍，彷若被棄置，只能獨自承受，無人能知無人能解。」[33]

多少疑惑堆積出恐懼

　　《撒旦的情與慾》裡，太太依先生的建議，說出她心中最害怕的是森林。兩人出發去森林，想要以直接面對來克服害怕。大家也許會疑惑，失去小孩的悲傷，和內心深處害怕的情境，兩者間有什麼關聯？火車上，先生對太太施行想像式引導的催眠，以目前的說法是接近「減敏感法」，因為太太在前往森林的火車上出現恐慌，被假設是畏懼森林的緣故，因此藉由事先想像，壓著草地躺下，融入那片綠地來緩解接近森林而出現的恐慌。

　　這種解決方式可能不全然有用，但也無法說是無用，畢竟連在自己的夢中，都會有監督者來讓自己避開最受苦的素材，而夢只是開放

[33]出自《從過癮到上癮：癮是心理創傷的答案或謎題？》，薩所羅蘭著，無境文化，2021。

給自己的潛意識運作；若一個人對另一人說出自己內心「最恐懼」的是「森林」，這個回答我是存疑的。不可否認，這種作法卻是最容易被接受的。

我需要花更多篇幅來說明我的存疑，這也反應著，精神分析式的思索所面臨的難題；也許我們需要想的，並不是這種催眠式的作法是否合乎心理真實，而是何以這種作法如此容易被接受？其中勢必隱含著重要的潛在心理因素，值得我們去細細描繪它。但我無法在這裡如此做，只是先提供一種態度，來想像精神分析和其它學門的可能關係。

《撒旦的情與慾》第二章痛苦，混亂當道。到了太太最害怕的森林裡的伊甸屋後，屋內不斷有橡樹的果實掉下來，電影裡先生手上的橡實卻像是恐怖片，顯示他比太太更畏懼大自然。她說橡實落下是所有必死物的哭喊，他不知自己有著恐懼，堅持橡實是樹的種子，它並不會哭。也許這是很好的範例，可以讓人知道，意識層次裡的認知期待，是以常識般理性為主的處理方式，具有它的侷限。

有段超現實的連續畫面，搭配著懸疑的配音，彷彿大自然是撒旦的教堂。那時窗戶開

著，這是他接收大自然訊息的方式，但他反而把窗戶關上，表示他有不想看見的實情。他一直要太太面對心理真相，而橡實所牽動的，是他害怕而不想面對的東西嗎？他說，那晚做了很混亂的夢。她說，佛洛伊德不是死了嗎？兩人笑。或許導演想說的，是佛洛伊德不但沒有死，他所描繪的人性深處的驚悚，依然存在。後來她走進森林裡，她說自己已經好了，他反而沈重起來，他並不相信她的說法吧？他緩慢畏懼地跟著她走進蕨類叢群裡，驚悚看見超現實的畫面：一隻狼低頭吃著自身的肚皮，牠突然開口說，混亂當道。

絕望了什麼才是絕望

《撒旦的情與慾》第三章絕望，女性滅殺。下雨的夜晚，她睡了，他拿著燈走上閣樓，看見古代女性滅殺圖貼在書桌前的牆面上。他是害怕的，好像接觸到難以描繪的深層恐懼。後來，她說原對「本性」沒興趣，說他不該低估伊甸屋，因為她收集了意想不到的發現，關於女人的本性，主張控制女體的，不是女人，而是「本質」。很抽象式的思索，什麼

是女人？什麼是本質？這會是精神分析重要的思索，也會牽動著精神分析和某些哲學，思索人性本質的關係。

　　兩人玩著輪流說出心中想像的遊戲時，她呈現了認同暴力的本質。他因此說無法再繼續想像下去，她突然要求他出手打她，說他如果不打她，就表示他不愛她，他拒絕，她跑到屋外手淫。有些怪異的情節，不過也意味著，導演把劇情突然推向「精神病」般的內容，好像走進內心深處裡，有著那些不符現實卻真實的想像。後來，他依她的要求而打了她，然後兩人在房屋外的森林裡做愛。他威脅說，不要再治療她了，結果她反而不願接受，主張人的善惡本質和治療無關。他想說服她，說她並不邪惡，說催眠也無法做平時不會做的，他要她相信他。他可能是假設，太太的問題是來自於有善惡的罪惡感，因此以為只要她被說服，她的想法和善惡無關，只要她接受這個說法就可以改善問題了。不過，這顯然是過於簡化的主張。

　　《撒旦的情與慾》裡的先生，以心理治療者自居，要治療太太的失落和憂鬱，他採取全知者的態度，如同某些小說的書寫，以全知者的「我」做故事的陳述者，這個「我」知道所

有事情和細節。導演對這種全知者的態度，最後的處理是「帶來災難」。我也深表同意的是，不論採取何種模式，如果以全知者的態度出發，的確可能替心理治療帶來災難般的後果，或者陷入如電影裡所呈現的，加重先生和太太之間相互虐人和自虐的關係（從情節來看，那是原本就存在的關係）。

《撒旦的情與慾》第三章絕望，小孩意外死後的解剖報告。電影以很隱微的方式，呈現小孩的雙腳畸形，這是長久以來就存在的，以及鞋子左右腳穿反了的相片。她說，是那天恍惚。但他看見更多相片，發現太太始終幫小孩左右腳穿反了鞋子。她讓小孩的鞋子一直穿錯腳，隱含的是恨意嗎？導演後續安排的是，太太用更暴力的方式傷害先生，來擴張那些恨意的展現。進入第四章，兩人開始相互殺戮。

太太先前讓小孩長期穿鞋穿錯腳，可能有潛在的恨意，但對於小孩死亡，是懷有強烈的罪惡感，乍看恨意和罪惡感兩者是相反的情感，不過若從潛意識來說，有著先前的潛在恨意做基礎，才會在小孩真正死亡後，誘發原本存在的強大罪惡感，似乎那些罪惡感早就蠢蠢欲動，只待事情發生就傾巢而出。從意識面來

說，這樣的說法不太符合現實，因為一般人可能會覺得，父母對於小孩死亡而出現的罪惡感，是基於愛。

我倒不是否定這種可能性，但基於臨床經驗的觀察，潛在的恨意到後來的死亡失落，更可能引發強烈自責的罪惡感，從潛意識來說，這是在回應更早期就存在的恨意，不只是針對孩子，只是後來真正的失去，讓罪惡感有了可以明白呈現的依據；畢竟要接受先前一直存著的潛意識罪惡感，是很難想像的情況，如果缺乏先前的恨意做基礎燃料，後來失去小孩，倒不必然會引起如此強烈的罪惡感。

意外裡的謎題有多傷感

前述是佛洛伊德所說的「憂鬱」和「哀悼」的差別，內在世界也會呈現不一樣的差異。理論上，「哀悼」所呈現的罪惡感，是合乎現實能理解的範圍，而「憂鬱」所呈現的罪惡感，則是超過現實可以理解的範圍，常會讓旁人覺得「不是那樣啊」、「不可思議」、「怎是那樣啊」。何以會超過可以理解的程度？可能源於前述的，長期就潛在的恨意，雖然後來

是在夫妻做愛過程，發生了小孩的意外，並以這件事作為後來有強烈罪惡感的理由，性和死亡的聯結，的確是加強了罪惡感的溫度。

我是假設，如果缺乏長期的潛在恨意，小孩的意外，可能不致於產生如此強烈的罪惡感。至於這些潛在恨意的來源，電影裡的資訊並沒有充分說明，或許這也不是導演的意圖。臨床上，過於久遠的創傷，也是難以在此時此刻有明確的訊息作為佐證。

先生在閣樓發現以前的照片，小孩都是鞋子穿錯腳，以及小孩不斷地哭泣；是不是因為穿錯腳的鞋子讓他不舒服而哭泣？鞋子和哭泣，兩者相互呈現時的震撼，是導演的神來之筆。電影以充滿懸疑和緊張的氛圍，描述這個發現，雖然從心理學來說，這幾幕就已經是千斤重了，不必然要走到後來的殺戮戰場，來說明太太心中的強烈恨意和破壞力。

要注意的是，這些說法僅能部份地說明這些現象，並沒有涉及她和他罪惡感的源頭，雖然在看電影的過程，會挑起我們的好奇，重點是，他和她都不曾真正在意識上發現，或者他和她意識上都忽略了，兒子的腳總是穿錯鞋而成畸形。這不是三兩天形成的，是長期共同忽

略的結果，從臨床角度來說，她是執行者，但在兩人脈絡裡，很難說只是她的問題，是他和她之間，可能有著某種潛在的共謀。

這種說法可能會挑起他的不滿，但臨床上，這種類似情形並不少見，只是常常無法如我在這裡所直述的這般說出來，然後這些話就會被聽進去。總是需要一些事件的發生，如電影中所描繪的，是經過多年後，在兒子意外死亡才有這個發現。小孩的腳畸形，如此明顯的事卻長期被視而不見，多麼不可思議？這也反映著，潛在裡，這是多麼原始的課題。他何以在看了法醫的報告後，直覺很快想到是鞋子的問題？而且可能是長期的問題，但先前卻忽略如此顯明的事？在新發現的那瞬間，是他潛在依稀曾有的想法找到了出口而浮現，或是看了法醫報告後才有的意識上的推論？電影中並未明說，因此是個謎題。

但我們繼續推論。如果是他很快就浮現這個念頭，那問題就在於，何以他如此快速浮現念頭呢？是否如前述的，他有著潛意識的共謀？從他主動要當太太的心理治療師的過程，以強制者的作為來看，似乎可以作為某種間接的證據說，這種潛在的相互共謀是存在的，後

來以心理治療者自居，這是潛意識想要呈現，一切都與他無關，是她個人問題——這或許是他的真實期待？

我不會把這些現象當作是男女之爭，也不認為是劇中先生使用「認知模式」治療的問題，這是使用者內在心理狀態，或潛在反移情的因子，影響到他以何種態度來使用認知治療；也許有人主張這部電影是對於「認知模式」和引導式想像的「放鬆模式」的負評，我倒覺得，先生和太太宣稱開始治療後所發生的場景，是更值得觀察且可以刺激想法的好教材。

例如，當治療者忽略了親密關係的困局，自許可以充當對方的治療者，以及治療雙方最後如何共謀的過程，不只是兩人的性愛場景而已，而是小孩的存在，對大人所帶來的困擾；至於鞋子穿錯腳的施虐，卻是長期被雙方忽略的事，就潛在心理來說，這很難說只是太太的施虐，而沒有先生的「忽略」（可說是施虐的另種形式）所帶來的結果。

除了愛，還有什麼

上述涉及的是，小孩的誕生，對於大人世

界的影響——大人期待的「文明」和嬰孩的「原始」之間相互撞擊。這個課題常被父母之愛所掩蓋，而忽視我主張的，需要同時想像和觀察；除了愛，尤其是原始母性所具有的涵容能力，同時還有另一個重要課題：如何讓小孩盡快適應大人（文明）生活的作息？父母這種潛在的期待可能很原始，卻是很真實。這麼說的潛在基礎是，嬰孩出生不久後，會引發夫妻之間多少衝突？尤其是為了小孩半夜哭著要喝奶時，該由誰起床來餵食？

這是常見的明顯或潛在衝突，有些可惜的是，一般會被導向意識型態上的夫妻男女戰爭，在政治正確下，大家幾乎都說男人要幫忙，不然就是大男人主義。我不排除有這個因子，不過我更關切心理學的特質，例如，不論男女，不論是否誰在白天或夜間有工作，嬰孩夜間的喝奶是無法避免的事，當這件事導向男女衝突或恨意時，就難以（文明）想像和討論，（文明）大人對於（原始）嬰孩的潛在恨意。

我相信這是困難的命題，相對於將焦點放在婚姻裡的男女和夫妻權益問題，反而容易討論也早有標準的政治正確的說法。從另一個角

說起人的各種問題，人就莫名奇妙被標籤化。但是，什麼是「人」的論點有很多種，俗語說「一種米養百種人」，讓我們可以不同視野看待人。相對的，「憂鬱」還沒有被認識得這般豐富，它仍是易被誤解、易被簡化的情感狀態。

我們再從失落裡的罪惡感，作為切入點。當孩童在她和先生做愛時醒來，爬窗而跌落死亡，何以先生沒有外顯的罪惡感？真的是這樣子嗎？影片裡可見的是，媽媽出現明顯的罪惡感，這種罪惡感在精神分析裡，是以「超我」出場作為代言者。然後我們可以談論「超我」是什麼？以及它的嚴屬性？何以如此傷心的情況下，後來卻常常出現要和先生激情做愛？做愛的動力是源自於「原我」，何以嚴屬的「超我」和縱欲的「原我」，兩者輪流出現，甚至是共時出場呢？從臨床看來，我們如何想像？

而先生是否也有隱形的罪惡感，只是它轉型成，冒著明知的風險，硬將「先生」的角色強行轉換為「心理治療師」，太太就隨著變成「病人」的角色？仔細想，或者自覺性夠高，先生是否有可能也知道，在這件事裡，他也可能會是如太太般，是位病人？我不是要把問題

病理化，將每個人都視為病人，只是我們是憑著什麼相信自己呢？如果願意把自己當作可能會有這些罪惡感，就比較能夠讓它不會產生巨大破壞力嗎？

這些疑問，其實都得看當事者生命早年的經驗。如果是早年創傷，認同了嚴厲攻擊者的態度，那麼雖然當年是受苦於被攻擊，由於生命早年如同變形蟲吞進食物般的認同方式，當事者全盤吞進或接受了對方，因而變成了我們所說的，病態式地認同對方。不過這種認同是潛在不自覺的，因此很難被直接辨識出來。這是先生冒著已知的職業風險，理應不要對親密的人進行心理治療，但勢必另有其它更難以自覺的動力，驅使著先生這麼做。

以硬幣兩面來看，乍看是太太的罪惡感和性慾在引爆，但就人和人的互動來說，這種「前後時間順序」，有可能被簡化地誤解，當成是「前後因果順序（前因後果的順序）」的關係，從潛意識的相互動態影響來說，後來是很難區分孰先孰後了；一如在一般家庭裡，兩位小孩之間的吵架，後來很難分清楚誰先出手挑釁。另外，在潛意識的「沒有時間性」裡，意識和現實上的時間順序，不全然等同於潛意識裡

情況。

　　甚至可以反過來說，太太的種種行為是先生挑動而引起的？不過我還是主張，或許是兩者共鳴的相互影響，從這角度來看會比較持平，接近潛在的心理真實，尤其在如此親密的互動下，以「難分難解」來形容這些場景的時間性還算適切。

　　我以王盈彬醫師在〈整形之癮〉裡的說法，說明他和她之間的衝突：

　　　　「當現實和想像、主體和客體間出現明顯無法消化的衝突時，潛意識會採取一種行動，看起來像是以另一種衝突的呈現，但是更根本的是在保留一種等待的可能及注意力的轉移灌注，以求得未來重獲連結的可能性，也就如定義中的描述，謎團在等待著一個被解答的時刻前，自我所採取的行動，就是「強迫性重複」的概念。……

　　　　精神分析所屬的場域，是坐落在外在和內在、意識和潛意識、客體和主體之交界處間的『一項研究心智活動的方法、一種治療的技術、與一門累積成型的科學』

（佛洛伊德 1923）。這個交界處是一個過渡地帶，是要讓交界兩方之間，可以形成一種持續的對話流動，來處理兩方的共存。」[34]

是誰的慾望在說話

我們以女主角來說明，可怕的結果並不是來自憂鬱，這只是某種精神的樣貌。從精神分析的角度來說，更重要的是，觀察罪惡感的代言者「超我」，可能會引來的恐怖舉動。從臨床觀察，常常可以發現這位嚴厲的苛責者；早在《夢的解析》裡，它就出現在精神分析的舞台，佛洛伊德說它以監督者的角色，嚴格管控「嬰孩式期待」（infantile wishes）的表現方式。後來在他的文章裡，「超我」就不曾消失過，它總是佔據著處罰者、監督者、嚴厲者或理想者的綜合身份。

也可以說，當初佛洛伊德把這些細緻分別的作用，在《原我與自我》（The Id and the Ego）裡，浮現「超我」這個角色。它是在佛洛伊德的

---

[34]出自《從過癮到上癮：癮是心理創傷的答案或謎題？》，薩所羅蘭著，無境文化，2021。

心思世界裡，慢慢長大，細究來說，它是多重角色，既隱晦也彰顯，不只是一般人認為的「良心者」而已。甚至依佛洛伊德的說法，「超我」也是「自我」的主人之一，另兩位主人是「原我」和「外在環境」，這三位主人都是嚴苛者，都只想讓自己的慾望被滿足。

「自我」如何動態地服侍它們？這使得呈現出來的現象變得很複雜。我這麼說可能會讓大家失望，好像無法有個一眼就清楚的定位，來理解何以在先生和太太之間，自責、性、死，如此交織一起。甚至這麼說也是合理：其實是「超我」太強烈、太理想化了，造成心理不自覺的緊張，這種緊張在心理素質上，如同做愛的前戲，累積張力，直到某個時刻飽滿了，就需要發洩出來。

回頭來看，先生採取認知取向，和有著催眠遺跡的引導式想像放鬆等方法，要太太直接面對壓力。我們從臨床經驗是可以輕鬆知道，她說森林是她最困難的所在，事實不一定如此。由於身心非常緊繃，看似在談故事，要面對問題，但卻有幾分像是有著生理反應的前戲過程。

後來其實很難區分，是先有來自太太的慾

望，或來自先生輾轉而現的慾望？硬要區分誰是首謀者，可能不容易做到，而且這種區分的意義也有限，因為這是動態式交織，呈現相互連動的影響。

　　他和她坐在火車上，前去她覺得對自己最困擾的森林，她以前常去那裡的森林小屋書寫博士論文。他以引導式的呼吸方法，要她想像可以讓她放鬆的所在，這個作法對某些人是很熟悉的。她說最令她恐慌的地方，就是那座森林，但那是她以前常去的地方，難道她先前是為了處理自己的恐慌才去森林小屋嗎？如果是，意味著他和她的居家，相對來說是比森林小屋更令她恐慌，而她去森林小屋，只是去一個相對比家還要少些恐慌的地方嗎？這個推論，依據的不是「現實原則」的判斷，而是佛洛伊德主張的，潛意識裡運作的「享樂原則」。

　　這是她說出來，什麼是最令她恐慌的人事物時，我們其實很難判斷的所在。不是說她會故意騙人，而是如同電影裡呈現的場景，意識上感到最恐慌的所在，和潛意識裡最恐慌的地方，不必然是相同的，這是日常臨床工作常出現的景象。

「夢工作」的足跡

我以《夢的解析》裡，佛洛伊德對於夢的特性和處理方式，來說明前述的臨床難題。《夢的解析》裡的論點，在前半部，佛洛伊德大都在描繪被記得的「顯夢」裡，可能有著什麼潛在的「隱夢」內容。假設有著潛在的隱夢，由於無法直接以原貌表達出來，而以變型的樣貌出現在夢裡，構成顯夢的內容，這就是我們醒來後記得的夢。

從佛洛伊德至今，我們的臨床經驗讓我們知道，從原始的慾望到要形成顯夢，首先在睡夢中會經過「夢工作」的心理機制，例如「取代」和「濃縮」，讓原始的慾望以其它象徵物來呈現；這個內在的心理過程，構成了第一道的防衛，阻止和修改了原始慾望直接表達出來的內容。

佛洛伊德後來在其它文章增補了說法，提到夢者醒來那一刻，想到要跟誰說他的夢時，那瞬間，夢就會經歷第二次不自覺的修改。這些防衛過的夢，離原始慾望的距離更遠了。從臨床來說，當個案醒後來到診療室，對治療師說著他的夢時，會有第三度的改裝，這是指，

他會受他對治療師的「移情」，而影響著他如何說出他的夢。

歷經多次修改的夢，會不會失去它的價值？佛洛伊德將夢的價值，引導至從「原始的期望」到「顯夢」，以及說出來的過程，有著種種防衛的痕跡留在被說出來的夢裡，他稱那是「夢工作」，而探索和了解那些夢工作的足跡，比知道「隱夢」是什麼還要更重要。

夢工作顯示著當事者何以需要防衛，以及防衛的心理機制，這些是當事人的心智工作方式，直接的說法是，人總是需要防衛原始的慾望，但是如何防衛，如何心理工作，讓那些原始慾望被間接地展現出來，就會顯露著心理機制是如何工作，為了保護自己也兼顧著有展現的機會——這些總合就是這個人的心理模樣。

藉由《夢的解析》的例子是要說明，影片中的先生要太太說出心中最恐慌畏懼的人事物，並要太太接觸那些經驗，他假設這樣做會讓太太心中恐懼降低。不過，從電影的呈現和臨床可以呼應的是，被說出的「最恐慌畏懼的人事物」可能不必然是如此；如果連只對自己展現的夢，面對原始慾望時，都需要層層的防衛關卡，那麼，那些最恐慌的人事物，很難讓

人信服說，不會因為被心理運作而埋藏在他方。不過，這種說法並非要完全推翻劇中先生的做法，它可能另有其它功能，只是它的功能不是目前所展示出來的期待；這和精神分析取向的治療模式有所不同，我們可以說，導演透過男主角採取自己是全知全能者，意圖說明這種模式是容易帶來盲目和悲劇。但我們相信這種模式是有它存在的意義，一如佛洛伊德後來擴展精神分析的運用，而有了「分析的金和暗示的銅」的說法，即是帶回來他年輕時使用的「催眠式的暗示」（hypnotic suggestion）。由於走過精神分析強調的「移情和反移情」的經驗和概念，就算加進了「暗示的銅」，也不再是如影片中的模式了。

從佛洛伊德論述事情時東轉西繞，直到最後仍難有結論的態度，反映著他的臨床經驗的想像，即使他再引回催眠術的暗示，大概也像是見過另一種美麗的雲彩後，不易再回到一般的雲彩了，也就是，經過精神分析式的訓練後，在態度上是難以再用全知的角度，來執行古典催眠式的暗示了。從當初全知者的信心，到後來確定無法全然了解，無法一眼看穿的態度，這時的信心是有所不同。

憂鬱星球的聯想

關於第二部曲《憂鬱星球》的聯想：也許電影意圖讓觀眾覺得兩位女主角，尤其妹妹的憂鬱，是來自有位尖酸刻薄的母親。不過這是過於簡化的結論，或許可以藉此說明客體失落的影響，雖然這種失落不是母親的過世，而是依然存在卻讓小孩感到失落的母親，乍看姐妹也未完全排斥母親，妹妹對母親是淡薄保有距離的態度。

另外也要避免一般的看法，以為妹妹在婚禮上的所有行為都是由於「憂鬱」導致，這同樣是過於簡化了事情；也許可以說，這些行為的後果，加重了原本就有的憂鬱。

有一顆名叫「憂鬱」的星球即將撞上地球，姐夫以各種科學理由說服姐姐，不要那麼焦慮，因為科學家說，憂鬱星球不會撞上地球。姐夫私下卻準備食物和水，表達他潛在的不安。妹妹雖然憂鬱，卻是一副不在乎的樣子，她沒有姐姐和姐夫那般恐慌，雖然起初她是感到很無力，後來卻可以冷靜地蓋了魔屋，迎接憂鬱星球的撞擊。這種衝突張力的情節，好像在說憂鬱者比焦慮者更冷靜，只是這種冷

靜像是等待早已存在的死亡。憂鬱的妹妹最後以魔法帳篷，讓焦慮的姐姐和姪子可以平靜下來——這傳達著和一般不同的想法。

魔法帳篷蓋在豪宅旁的草皮空地上，以七八根木頭架成倒V型，而背景是憂鬱星球慢慢進逼。以象徵來說，妹妹身上明顯的憂鬱即將來襲，或者說她們全家早就存在的失落和憂鬱，以預期會死亡的焦慮不安呈現，但是最內心深處的失落和死亡，仍不曾停下腳步，直到憂鬱浮現出來撞擊他們。

他們等待的仍是死亡，像是一位一直在等死的人，引導其他人在面對死亡災難時，要如何安靜下來等死。妹妹是安靜地等著死，終於可以死了，但姐姐不想死而顯得焦慮不安，最後只好安靜下來，等著不想要的死。

表面上焦慮和憂鬱不同，不過只依外顯症狀做出診斷，並不是本文的目的，我更好奇這部《憂鬱星球》裡，如果我們把姐妹和姪子當作一家人，更是一個整體的心理結構，如同group-as-a-whole（群體作為一個整體）的概念。

臨床常見的是，焦慮和憂鬱一起出現，很少單獨出現，雖然某項情感會較明顯、較引起

自己或他人的注意。如果從這個角度來看，《憂鬱星球》是很好的影像創意，讓我們經歷了憂鬱和焦慮如何共時存在，如何相互影響，然而就臨床的嚴重程度來說，這部電影裡所呈現的憂鬱和焦慮都不算是嚴重的等級。

《憂鬱星球》撞過來時

從影片我們觀察到，姐姐以焦慮為主，但仍有著妹妹的憂鬱特質，而妹妹的憂鬱也夾雜著姐姐的焦慮，互為表裡的臨床現象是常見的；不過，「憂鬱」如同星球衝撞而來，內心必然有著面臨如死亡般的感受，卻輕易地被導演如此象徵化出來。也許有人擔心，這樣描繪憂鬱和焦慮，是否會加重相關者的病情程度，而變得更加悲觀？從另一角度來說，這只是呈現人性裡的一部份，並非鼓勵要做什麼或不做什麼；若以過度簡化，過於樂觀的說法來看人性的困局，也可能讓受困者覺得自己難以被了解；那些樂觀的說詞，有時更像諷刺著處在困局裡的人們，雖然我也不認為在「憂鬱三部曲」裡的景象，完整說穿或說清楚了憂鬱是什麼。

這三部曲雖有爭議，倒是說出了如光譜般，寬廣的憂鬱情感的某個光譜段落，這是導演憑著他的才華、個人經驗和想像的創意，加上演員的專業演出，幫這一小段憂鬱光譜打造出明晰模樣。畢竟，這些難以言說的情感，是相當困難被清楚描繪的。

　　這兩段多少在呈現憂鬱和焦慮或恐慌的不同，這種不同，的確有助於我們了解表象背後的內心反應。第二段更像是憂鬱者看著焦慮者如何掩飾不安，卻在現實無法改變時，展現出來的恐慌。如果說憂鬱者是早年失落了重要客體，那麼焦慮者的不安，是有著即將要失落的預先反應；二者都有著更早的「失落」作為前提經驗。

　　憂鬱星球撞過來時，憂鬱者在幫助焦慮者克服焦慮，等待必然的死亡，也許這是人被生下來後，就一直在克服和處理的課題。常說的「預期的焦慮」，雖是預期未來，卻是在處理以前曾在心理發生過的事件，但為什麼後來以預期未來的方式出現不安呢？這裡「時間」因子的意義是什麼？由於這是臨床易見的情況，因此我假設，這也是為什麼佛洛伊德當年會著重在觀察和推論「焦慮」，強調這些精神官能

症狀的心理意義。而「失落」和「憂鬱」，則是他較少涉獵的領域。

這些歷史現象和臨床經驗的累積，我們發現，「焦慮」的出現是要面對「失落」創傷所帶來的「憂鬱」，相較之下，前者是較容易面對的處境，例如個案在焦慮著特定的事情時，會把心力投注在某些外顯的事情或人際困擾上。依據佛洛伊德的能量分配說法，有一種「生的本能」，也被叫做「性本能」，或說「力比多」（libido），三者幾乎是相同的內容，大致是描繪某種「要活著和活下去」的力量。

臨床上常聽到個案在說明了生活裡一些有名有姓、有出處且有根據的故事後，隨口說出「不知怎麼了？我有『莫名的焦慮』！」這句話，常是帶著無奈，充滿無力感，卻又是要一語帶過的感覺，好像那是他很難停留下來的經驗命題，必須急急通過內心地帶；這種「焦慮」因為莫名，而難以說出那是什麼。在三部曲電影裡，處處可見這種情節。

早就被逐出的局外人

我們都在消逝的世界裡，做一個早就被逐

出的局外人。我們也觀察到，尋求心理治療或期待被協助者，都希望可以再回到那個地方，也許說是「鄉愁」，或者是其它的語詞，我們仍在尋找它們，並想要命名它。

在這些難以描繪和言說的處境與情感裡，不是一般想像的，只是正向想法或負向想法這些概念而已。在診療室裡聽到的，莫名的不安、莫名的焦慮，常常是個案說了很多影響他的具體問題後，自己好像已經知道困擾是什麼了，停頓一會兒，突然又說著自己有著莫名的不安——好像把先前具體的、有名有姓的、和誰的衝突問題，霎那間都變成莫名的、無名無姓的事件。這是怎麼回事呢？說了「莫名的不安」後的沈默和等待，常讓我們覺有著巨大的空洞，在「莫名」這兩個字的後頭，一如他們說了很多生活上具體的事件和受苦後，突然打開了以「莫名」為名，像是個無底深淵般的困惑。

因為莫名，所以尋找個名字貼在它上頭就好了嗎？如何理解這些文字的抽象說法呢？例如，我們說某人的某種情況是「憂鬱」，那麼這是得到名稱的喜悅？或只是如同這顆憂鬱星球撞擊了他呢？

憂鬱者在失落創傷後，像是被拋棄者，變成局外人或異鄉人，在自己的土地上流浪；他腳下踏的心理土地，不曾覺得是屬於自己，只像是在別人的天空下過著不屬於自己的日子。他一心一意想要找出自己的天空來做自己，但尋找到的天空或土地，總覺得不是屬於自己的地方。思緒天馬行空，情感希望能夠落實，但那個所在，一直事與願違。

這三部曲電影，我們試著當作是憂鬱光譜裡的某一段光，嘗試說出看見的內容，和那些論點對話交織，或許那段光是在可見之外的部份，而我們透過這些電影來看見它們；也就是說，我們可以把握一個基本說詞：憂鬱和失落有關，而透過電影的光影和故事，說出我們看見的不可見之光。

例如，導演在這部電影裡傳達的，主角的失落可能是什麼？「失落」是憂鬱的起源，但這種說法仍有不少議論空間，而這三部曲電影各自傳達了主角們失去了什麼。我們要避免把這些故事說成線性的「因為什麼，所以如何」，而是說成交錯複雜的想法。畢竟，憂鬱作為一種現象，它的樣貌在不同人之間，是如同萬花筒般的多樣。

後來的人生都在唱著輓歌嗎？

我們進一步來想像失落、分離、悲傷和憂鬱；電影結局是憂鬱星球遠遠撞過來，直到佔滿整個畫面，不過視覺上，憂鬱星球是從畫面底下慢慢變大而浮現上來。就人的心理層次來說，這個意象如同從心底深處浮現出來的憂鬱。等待的過程，有如溫尼考特說過的，人都有死過的經驗，他是指心理上的，重要的經驗；否則對死亡的預期焦慮，是在預期什麼？或許就是曾經經驗過的焦慮感受。

我們仍需要更多的想像和描繪，來說明溫尼考特所說的，生命早年經歷的死亡是什麼？以什麼方式被嬰孩經驗著，有什麼外顯徵兆？如果從他提及的這種心理死亡開始思考，意味著死亡是未來重要記憶的出發點，它是恐怖的起點嗎？還是未來人生重要的資產？它是神話，是後來文學家和藝術家靈感的泉源嗎？如果是這樣，那麼溫尼考特所說的，曾有的死亡後，接下來的人生都是唱著輓歌嗎？

我先回到前述這段文字的聯想起點：

「死亡這個休止是遺產與回憶的起

點，輓歌則是文化的泉源，可填滿裂開的空缺，詩歌、禱告與故事可填滿突來的寂靜，逝者在這之中再度栩栩如生。失去的經驗如同鑄模，使得悲傷之事得以顯現輪廓，經過哀痛的美化，成為渴望的對象；或者如同海德堡一位動物學教授，在新布雷叢書出版社發行的一本小書中所寫：『西方人似乎有個理智無法理解的特色，亦即對失去之物的評價遠高於存在之物，否則不能解釋滅絕的袋狼散發至今的奇特魅力。』」[35]

先回到電影裡。當憂鬱星球就要撞過來，姐姐發現馬廄裡的馬激躁不安，姐姐更加不安，妹妹卻無動於衷，還說地球很邪惡，不必為它悲傷。後來姐姐發現自己購買的一瓶安眠藥已是空的，她猜是先生吃掉，因此開始找先生，發現他昏睡在馬廄的地上，而馬卻都安靜了。姐姐故意放馬出去，想騙妹妹說先生騎馬去鎮上了，要降低妹妹的不安。但更不安的是姐姐自己，她要帶兒子離開，卻發不動車子而

---

[35] 取自茱迪思‧夏朗斯基（Judith Schalansky），《逝物之書：我們都是消逝國度的局外人》，大塊文化。

更加恐慌，只好放棄。她和妹妹在庭院喝紅酒唱歌，姐姐說，有時候，我好恨你，姐姐是在恨誰呢？妹妹？憂鬱星球，或自己呢？

「輓歌則是文化的泉源，可填滿裂開的空缺，詩歌、禱告與故事可填滿突來的寂靜，逝者在這之中再度栩栩如生。」這是很美的說法，我相信大部份如此有創意的事情，例如詩歌、祈禱或故事，當它們填滿了寂靜，也許可以說是某種昇華作用，不過就診療室的工作來說，常見有人也做了這些創意的事，卻無法產生想像中的昇華，而是所有努力都走進深淵後就消失無蹤。也許昇華作用的概念，需要有更細緻的細節，因為創意的展現，並不一定會讓原本深層的慾望就被轉型。

在空洞和寂靜之間，永遠填不滿的感覺，有著更多尚未被命名的內容，把填進來的東西化成烏有。這段文字所描繪的是佛洛伊德在《哀悼與憂鬱》（Mourning and Melancholia）裡假設的，一般的哀悼是指死去的人走掉了，當事者還可以感到自己是存在的，心理上並沒有自己的某些部份跟著死者一起逝去了，在自我之上留下陰影或空洞感。通常哀悼者，如前述引用的文字，可以享受寂靜，以及對逝者如

生，存有美好溫暖的經驗。但從臨床經驗來設想，是否真的有只是純然的哀悼，而沒有參雜一絲憂鬱？我個人是存疑的，我傾向主張，哀悼和憂鬱不是二分法，兩者之間是條長路，沿路有著不同的風光景色，等待有人邊走邊描繪那些景緻；或者兩者是共時存在，每個時刻都有著光譜般不同程度的混合。

是否每個人都有著不同程度，不同比例的憂鬱和哀悼的混合？可不要誤解，這是要任意做出憂鬱的診斷，然後就依診斷吃藥的意思，我是純粹從心理學，尤其是深度心理學的角度來談，如果愈傾向憂鬱這端者，在臨床現象上，那種寂靜可能是種干擾，深深讓人不安，如同影片裡姐姐外顯出來的，為了某項預期的災難而出現的不安。

逝者在這之中再度栩栩如生

我們不會只針對外來星球帶著憂鬱撞過來而做假設，而是心理潛在的憂鬱如星球，從心底深處浮上來，讓人在等待和空白的寂靜裡，顯得焦慮不安。這種「逝者在這之中再度栩栩如生」裡的「如生」，常是恐怖的存在。

法國分析家葛林（A.Green）在《死亡母親》裡所描述的個案，孩童的童年原本還算愉快，有一天母親突然憂鬱發作，生活如同行屍走肉，孩童雖然看見母親，但母親的心思不在他身上，像是個死亡的母親。臨床上可說，個案認同了內心裡那個死亡母親；他的母親雖然存在卻以死亡孤寂的方式，而不是以她先前栩栩如生、有活力的帶來愉快的存在。

　　這種認同，讓個案對待他人的方式也如死亡母親，不論對方如何，他總是使對方處於如死掉了那般，無法幫上他的忙，他人變成只會讓他自生自滅的客體。某些時候，他也會移情到治療師身上，治療師被潛在地當作如同死掉的母親。葛林提醒，在這種移情下，分析師如果針對這種移情，以負向移情的角度加以詮釋，可能只會更激怒個案，而不是讓個案可以思考分析師的說法。

　　畢竟在移情裡，當個案把分析師當成死人了，怎麼可能會想要思考分析師的話呢？因此《死亡母親》裡，這種認同死者如生，這種如生是破壞者參與的生，不是令人愉快的慈善者。

　　在《性愛成癮的女人》上集，鏡頭以全黑畫面開始。我們等待著，起初沒有聲音，好像

還沒有開始的人生，看著黑暗，如同閉著眼，還未出生看見真實的世界，直到聲音慢慢浮現。在第二部曲《憂鬱星球》裡，慢慢浮現的是內心深處的憂鬱，以星球般具體意象侵襲而來。《性愛成癮的女人》在一個飄著雪的夜晚，開始描述喬的童年、少年，到成年的故事，起初是成年喬躺在漆黑街道上，男子塞里曼出門買日常用品後，回家途中看見她。

我想導演這麼拍，一定是男子塞里曼終究會看見女子喬，但出去時未看見她，她真的被拋棄了，直到他回家時才看見她。他原本想叫救護車，喬拒絕，他帶她到家裡休息。她坐在床上，喝下一口溫熱的茶後，塞里曼問喬受傷原因，喬決定將她的人生故事告訴陌生的塞里曼。交談過程裡，塞里曼以數學、科學、音樂、甚至神學等理論，來反映他心裡的她的人生經歷，那是塞里曼理解她的方式，雖然過程裡，男子的說法讓她不快，但他很快就停下來不再多說，這讓喬越說越開心。在這個過程中，喬開始審視自己存在的意義。

第一部曲《撒旦的情與慾》，與第三部曲《性愛成癮的女人》裡，兩位男性充當不同聆聽者角色的對比，也是個有趣的主題；在《撒

旦的情與慾》裡，雙方都自覺夫妻不適於扮演治療者和被治療者的角色，卻仍冒險嘗試解決困局。他採用的大致是目前市場上常用的認知模式，加上引導式想像的放鬆，以及行為治療的模式等。認知模式大致是假設，她的問題來自於兒子在她性愛時墜樓死亡的罪惡感。

假設問題是來自於罪惡感，治療方向設定為祛除罪惡感，主張這樣就可以解決她的受苦，這是直線式的認知假設，在某些情況下是有用的，因此這個做法仍存在價值。但臨床上，不少個案的罪惡感只是表象反應，我們可能需要假設，要有更多的探索，讓其它的可能性變成可以思考的觀點，才有機會慢慢接觸到其它隱性的素材。

《撒旦的情與慾》裡，先生自居全知者要做太太的心理治療，相對於在《性愛成癮的女人》裡的陌生男人塞里曼，以各式聯想說明女人的激情卻難以了解的處境，細想有著深意，例如，開始時以魚誘餌的技術，說明人生和釣魚技藝的關係。乍看有些自high，但女子糾正後，他可以很快停下來，讓女人自行說著自己的故事。我無意說，塞里曼的說話技術，就是精神分析取向的模式，不過他所顯露的態度倒

是值得玩味——他想像並說出自己的聯想，女子喬卻有所改變，雖是導演的安排才成這個局，不過，對我們來說，這是值得參考的過程。

需要從受苦受難裡，找回原本的快樂

《性愛成癮的女人》的第六章提到，東正教是幸福快樂的宗教，而西邊的天主教是在受苦中得到幸福。這個宗教歷史的隱喻，下集是從這裡開始延續，J要喬去享受別的男人帶給她的歡愉，因為在上集的結尾，喬和J激烈享受性愛之際，喬突然感受不到高潮快感，於是她找了使用暴力啟發女性性快感的K先生，透過K先生鞭打和施虐（也許是藉用耶穌受難的隱喻），喬感受到下體的復活再生。

依著宗教歷史的隱喻，她妥協自己，生下男孩馬歇，但因為性快感的失去，她變成處於不同角色的夾縫裡，而尋回快樂的方法，對她來說，是需要從受苦受難裡去找。依著這個表面的看法，《性愛成癮的女人》成了性與愛的對立衝突，兩者是無法共融的，這也是不少人的論點，這種說法有它的某種心理真實，但我想先跳開這個常見的說法。

要說明「憂鬱三部曲」裡的憂鬱和性，對古典精神分析而言，並不是最拿手的，從前面幾篇論述所提醒的，可以知道這點。後來的精神分析者有不少補充立論，不過依我有限的了解，仍不足以說明這三部曲裡的所有現象；雖然有一些術語可以說明一部份，但我們無意宣稱，花了這些時間，就可以說清楚它們。

　　這不表示我們一無所知，或我們完全不了解它們，至少這三部曲裡，「性」是如此宣示它的存在，好像「性」作為一個主體，或者說成人式做愛的性，有著其它潛在的動力在運作。也就是，「性」有著自己運行的方式，使得她在性和愛之間矛盾。性和愛都有著它們各自運作的自主性。不過這種說法並不表示可以輕鬆推論一切，因為「嬰孩式性學」（infantile sexuality）是種能量，或說是無法定型的存在，它也是有它的主體性，它會抓取可以使用的材料來表達自己。然而這樣我們就可以了解什麼是「性」了嗎？

　　佛洛伊德在夢的形成過程，強調有著「嬰孩式期待」（infantile wishes），它為了表達自己，就會依著「濃縮」和「取代」的心理工作機制，捕捉素材來現身，這就形成了顯夢，那

麼是否「嬰孩式性學」作為有自主的主體，也會採取類似手法來表達自己？

如果這樣，意味著要了解某個顯夢的意義，就需要分析它們，不是只依著表面可見的樣子就直接做推論，雖然夢的分析直到目前，大致上是發現，我們是難以完整了解隱夢的內容。是否我們透過症狀或成人性活動的解析，也會有類似分析顯夢的情況，無法真的了解什麼是「嬰孩式性學」？而只能了解它外頭層層堆疊的防衛和想像。因此可以說，目前眼見的種種不可思議，或難以了解、難以想像的性活動，都有著防衛和想像的特性。

從另一角度來看，《性愛成癮的女人》是在失落的洪流裡，製造一些誘餌來捕捉自己，捕捉一些叫做人生的東西，例如愛情、母愛、做自己或找回自己，這些都和情慾是對立的嗎？人的認同，例如，是不是好人，是不是好太太，是不是好母親，和是不是有性感受，它們之間的關係又是什麼？這需要再更深入的探索和彰顯細節，才不會只在表面的成人式性愛或性慾裡打轉。

以這部電影為例，性開放或提供性虐待等方向，畢竟是屬於私領域的事情，如果不犯著

他人，不脅迫他人，其實每個人依自己的喜好去享受並無妨，只是涉及到他人時，如果仍只是在意識型態的政治正確裡，強調做自己的權利，就讓深度心理學的複雜性被窄化了；這不全然只是做自己的主題而已，而是仍有很多困惑存在——何以人需要用如此受苦的方式來得到性愉快？就算我們有了幾個不錯的精神分析概念，但離真正了解這種現象，仍還有些早呢！

有了答案卻是無用的答案

佛洛伊德從性學出發，走向他關切的「精神官能症」的發生，簡化的說法，可以說都和（嬰孩式的）性學有關。有了診療室的更多經驗後，回頭來看，是更讚嘆佛洛伊德當年的猜測，然而問題也出在這裡，當可以用一個語詞來說明很多事情時，最後可能落得如大家說的，所有的問題都是「人」的問題，變成是空泛的概念，如死掉的語言，無法再讓人思考它。我個人覺得，若以「性學」解釋所有症狀的起因，然後思考就停在這裡，雖然大家可以輕易知道和判定，但那是無用的說詞，有了明確答案卻是無用的答案。

在《性愛成癮的女人》第七章，喬透過被性虐待來開發自己的性感受後，下體的傷痕無法痊癒，她只得休養，公司老闆規勸她，參加性成癮者的自助團體，透過團體指導師的引介，她開始學習如何隔絕性慾，和避開引起性慾的東西。這種作法忽略了，人是很容易從其它替代得到性感受，也就是一般所說的「戀物」。她節慾一些時日後，跟大家分享心路歷程，她看見鏡中的自己，發現不是當下的自己，而是小時候的自己，但她知道隔絕性慾不是她想追求的生活。

　　「性成癮」聽起來也許不堪，但這是她探索世界、尋找自我的方式，如同佛洛伊德描述孩童如何在大人的世界裡，仍保有著對性的好奇，轉化做為未來探索知識的動力，並私密地創造了屬於自己的性理論，這是孩子對世界的求知慾望的起點，也是後來對於新知識的獲得，「爽」的感覺的基礎吧？

　　雖然說是性的好奇或知識的探索，但是走過了大人的路途，孩童時的她和現在的她，站在鏡子前的裡外，卻也是不同了，她的性癮的探索涉及了不少人和事，也有她傷害的他人，不再只是對童年的好奇而已了。

值得想像的是，何以某些事情是需要屬於私密的領域？如同現在有著個資的概念，但是這裡的場景不只是個人身份資料，而是涉及個人享受情慾的方式，對他們來說，這也是他們身份認同的一部份，但是何以這些是如此神秘呢？依精神分析的說法，有些罪惡感是起源於「超我」的嚴厲反應，也許我們可以說，罪惡感的範圍也有著如光譜般的不同嚴厲程度，而引發不同的反應。

　　當我們說是起源於「超我」的罪惡感，意味著這是來自生命早期，不被自覺的力量，有著層層的防衛，阻擋著人們去經驗和感受到它。依臨床的經驗和文獻的描繪，並不是直接指出她有罪惡感，或告知這種罪惡感是來自超我，就可以幫助她了解它的意義，因為它有著層層防衛，不是那麼容易讓人真的接觸到原始經驗，那些都是有著因受創而建構起來的防衛經驗。例如，要多少興奮的能量，才能讓她覺得自己還活著，可以再活下去？以及要產生興奮的能量，需要蓄積多少受苦作為基礎？

　　《撒旦的情與慾》裡，先生要太太說出，什麼地方或東西是她最恐懼的？她給了答案，是「森林」。森林如同能量投注的所在，也可

以說，身處在黑森林裡，是難以找到出路。不過，首先我是不太認為，這個想得到並被說出來的「森林」答案，就是內心深處最恐懼的所在；會浮現出來的答案，可能仍不是最恐懼的。

至於他在過程裡，過於相信自己的能耐，相信他所使用的理論和技術，反而適得其反，但不必然是這些作法本質上的困局；使用這些技藝的治療者，他們的責任是避免如何做到不過於把握，以為自己了解對方，已經知道了處理問題的解方，而是要能讓問題逐漸有所轉圜或轉化。

從電影中的對話來看，他可能輕忽了移情和反移情的張力，尤其在有受創史的人來說，更是一個深度的謎題，我們只能全然抱持著疑問的態度，而不是過於肯定自己的能耐和想像，否則反而會陷進比原來更困難的僵局裡。

小孩是從什麼地方出來的

另外，在《性愛成癮的女人》裡，兩個小女孩在浴室的性遊戲，她們趴在有水的地板上，來來回回磨擦下體的愉悅，母親敲門時，

驚嚇地趕緊收拾地板，然後小女孩說，母親是個冷酷的女人，只專注自己玩著紙牌，根本不理會她們。

電影中，她的困惑起初是，對於摩擦生殖器帶來快感的好奇，佛洛伊德曾說，這是求知慾的重要基礎。他的說法是，生命更早年就出現的，孩童對於自己生殖器的刺激所衍生的性理論，這是孩童自己創造的性理論，潛在地影響著後來的行為，但這並不是佛洛伊德的理論在指導他們。

面對這些困惑，我以陳瑞君心理師在《活在身體軀殼裡的垂死靈魂：自傷成癮》裡的說明，試著呈現其中的難題：

> 「如同前述少女的孤獨，在面對不可解的感受和生命經驗時，她會嘗試走著自己的路。如同佛洛伊德描繪孩童問大人：『人是怎麼來的？』時，不論大人的答案是什麼，唯一肯定的是，孩童的疑問總是重複又重複，他們有著自己的神秘答案，與大人給的知識是有所不同。人的複雜性就在於：孩童會依著大人的知識走下去嗎？或者潛在地更是在探尋和摸索自己那

些答案的真實性呢？或者是兩者交織而難分難解呢？

　　進入案例的思考之前，我們先想想在佛洛伊德的概念中（1905），他認為青少年時期的重要發展，首先，在性發展及透過性器獲得滿足的實踐，這是此階段要建立起來的首要目標且是健康的。然而，若青春期性的整體性組織（sexual organizations）是固著在前性器期（pre-genital）的滿足時，那麼，這個健康的目標就會被扭曲，例如：從受虐中得到滿足感。新的性目標可以是完勝，也可以是部分達成，佛洛伊德認為，如果在性本能究其所有的強度達到之前，個體就有其他的方式來達到滿足感，毫無疑問的，前性器期的滿足將決定了發展的進程。

　　他也說，前性器期所得到的愉悅感常常是多重性的，而不僅是直接朝向一個可以性交的客體，後者是青少年時期的特質。」[36]

---

[36]出自《從過癮到上癮：癮是心理創傷的答案或謎題？》，薩所羅蘭著，無境文化，2021。

是否因為精神分析強調性學理論，我們就以性為主題？不全然如此，因為精神分析的性學理論是「嬰孩式性學」（infantile sexuality），這是佛洛伊德專注的主題，雖然也曾思辯是否以「生的本能」來說明，以避免產生不必要的誤解。「嬰孩式性學」指出，當年一般人覺得孩童是無性的，但佛洛伊德從個案的觀察，提出孩童不但有性相關的課題，更有性感帶的定位。例如皮膚作為性感帶，刺激它會帶來接近成人性愛的感受。

這麼思考時，打開了一條寬廣的觀察和思考路徑，佛洛伊德更著重孩童自己在身體的探索，以及孩童自己建構出來的性理論。例如小孩問自己是從什麼地方出來的？大人說是鳥帶來的。小孩不相信，但沒說出來，也沒打破這種說法，卻仍重複問大人相同問題，也許他不是遺忘大人說的道理，而是仍在檢測自己親眼的觀察，他們有一個結論，小孩是從大便那裡出來的。

這是重要的性學理論的起點，不是最後的答案，是開始觀察而出現的謎題——重點是謎題和困惑，它引起了好奇心，這種好奇心有身體的興奮做基礎，是求知欲的起點；這也是心

和身相疊一起，展現好奇心的重要交會時刻。

有多少我們困惑的謎題呢？

如前述，她長大後生了小孩，卻發現自己的性愉快在某次和先生做愛的過程裡，突然消失了。也許是她和先生之間的愛出了問題，但導演反過來說，有了愛之後，她對性的感覺消失了。一般常說，性和愛密切相聯，不過從臨床經驗的現實來說，電影裡的情況對某些人而言，卻是他們的日常，但是否會走到跟她一樣去找專門以性虐待，幫女人開發性慾的專家處理呢？那些場景很冷漠，很肢體暴力，卻是她覺得要被醫治性冷感的某種方式。

對我們來說，這是一種挑釁，當我們宣稱要以文明的說話方式，來了解人性深處時，她卻是去尋找某種性的秘教來解決心裡困局，兩者有著異曲同工之效嗎？那真的是我們能了解的領域嗎？精神分析能夠了解多少呢？她走進那個神秘之地，寧願被綁在沙發，讓男人以她自備的皮鞭，在她光鮮的屁股上打出傷痕。雖然佛洛伊德有篇文章就叫做《一位孩童正被打》（A Child is Being Beaten, 1919），談論小

孩如何幻想被打屁股，以及所隱含的性想像和性興奮。如果要尋找比喻，二手地描繪被鞭打屁股是為了找回性愉快的過程，在恐懼和興奮的混合體裡，又藏有多少我們困惑的謎題呢？

在《性愛成癮的女人》第四章「譫妄」，喬爸爸生病狀況的描繪，也是她對於性方面想法的模糊交待。喬的爸爸重病在床，她日夜隨侍在側，這位曾經保護她的男人，有時脆弱，有時發冷，有時譫妄，意識不清。照顧父親時，她在醫院找個男人，在病床上做愛，很難說是為了滿足什麼樣的複雜心境。

她見父親最後一面時，從大腿流下的液體，像是無節制的性，以黑白呈現她內心的糾結，是回憶被壓抑許久的記憶。依精神分析的經驗，這些記憶雖然一直未清楚浮現，卻影響著她的性活動，以及她和他人的關係。這段可以說是，女性處在伊底帕斯情結最露骨的情境，或是一般說的，女性的戀父情結。

這段情景是相當隱微卻透徹的人生版本，也許可以說明她何以用性癮的方式和男性維持著難以持久的關係。一般會說她是缺乏道德感，不過如此行動化的方式，意味著她的「超我」強大，使得她很困難去經驗和想像，自己

處在那種情結裡。冷酷裡反應著嚴厲「超我」的運作，這種高壓常帶來很大的不安，如同增添柴火般增加了性興奮感，是某種痛且痛到了高點，帶來的卻是如性興奮般的反應，這是SM可能的心理和生理基礎。

另一方面，也可以說是各式原因所帶來的焦慮，或是走投無路的莫名焦慮，這些焦慮都像是做愛的前戲，累積了性興奮，準備讓高潮可以浮現。佛洛伊德曾說，「精神官能症」和「性倒錯」是一體兩面，而他所說的「精神官能症」，是指歇斯底里和強迫症……，當時，佛洛伊德的腦袋裡，「憂鬱」還沒有被他清楚地描繪。

我以吳念儒心理師在《愛，癮性埋名》裡的說法，進一步說明：

> 「喬幾近絕望地，為了尋回自己的性慾，去找了這位提供鞭打、性虐待服務的K先生。喬談到這裡，跟塞里曼討論起這是暴力的系統、一種受難的取向。這時，喬講了一段，也許是在說，對她而言也是謎團的話，她說：『不知道我們的性慾哪裡來的？傾向是哪裡來的？可能是童年形

成但未曾顯現？』塞里曼說：『佛洛伊德說，兒童有各種性慾存在，也有各種倒錯，這些性慾和倒錯會在童年縮減或去除一部分。兒童性慾是多形的。對嬰兒來說，一切都與性有關。』如果以這個角度來談論『顯癮』和『隱癮』，一般人會呈現顯癮，而可隱的癮，是難以被真的發現，只能假設有隱癮的存在，成為後來人生成癮的主要內在推動者；或者有人說，是內在深層的動機，雖然說是動機，常被誤解為是意識上故意的，不過，我們所說的潛在動機，是指意識上不自覺的心理動機。不論是否同意這種論點，就精神分析取向來說，我們的確是主張有這種潛在動機的存在，但是我們也相信，就算有了論點，仍只是起步，畢竟，要找出癮和它的心理成因，雖然已經有一些簡便的說法，但真正要理解它仍是漫長的路，不然大家不會在處理相關問題時，是如此困難。我們只是在困局裡，仍嘗試讓想像不要停止。」[37]

---

[37]出自《從過癮到上癮：癮是心理創傷的答案或謎題？》，薩所羅蘭著，無境文化，2021。

性的秘方是愛

　　如前述，把性和愛二分，乍看符合一般人的看法和期待，但需要區分；認定性和愛是一起的人，和硬要區分性和愛的人，佔據連續光譜的兩端，尤其是後者。從她在父親死亡時的性反應來看，內心裡多麼需要分開的性和愛，才能使她和父親相處，特別是在童年至離家以前，需要很原始的「分裂機制」運作，深層防衛的理由是，難以承受的苦。

　　一般人習慣於善惡、黑白的分明，如同她和朋友玩著，一定要把性和愛分開的遊戲，喬的心中有著「愛可拋，性至上」，但是當性成癮者的朋友，告訴她一句常聽見的話：「性的秘方是愛」，對她來說，卻是複雜無比的心境。如果生命早年，性和愛的幻想對象是父親，在當時外在現實和超我的運作下，變成是一件可怕的災難，使得性和愛被分裂，各自流浪，走著自己的命運；「性」隨著身體不斷成長，她長大有了工具，可以任意找到他人的身體來揮霍生理上強力的功能。或者，另一種同時存在的情況，喬說她小時候有過無性的高潮和奇怪幻覺，她看到了像聖母瑪麗亞的女人在

她旁邊──意味著不需要陽具仍有高潮的情境。

佛洛伊德所說性學，並不全然是「憂鬱三部曲」裡，成人的性及跟做愛有關的知識，他知道那些自虐虐人的性活動者不會尋求他的治療──畢竟那是令人愉快的事情，就算被當作「性倒錯」診斷，也不足以誘惑相關者來治療，去把令自己愉快的生活方式袪除掉。這在戀物或SM裡是很明顯的情況，他們不會為了治療，減少他們從性活動裡獲得的愉悅。

我們可以說，佛洛伊德的性學理論，不是從研究類似「憂鬱三部曲」裡的性活動出發，而是假設精神官能症者會出現的替代現象，或在被「去性化」的症狀裡，嘗試尋找當年（嬰孩式）性學的痕跡。這和憂鬱有什麼關係？如果我們從症狀來想，的確會覺得只是她的任性，不值得同情；如果從憂鬱的根本原因出發，以生命早期的分離和失落，來談她所產生的空洞，以及人為了讓自己覺得活著，會需要做些什麼防衛或刺激，我只能說，也許這是她讓自己覺得活著的方式。她需要先活著，才能再想如何活下去。這是一種假設，談不上是因果關係的說法，也不是要以這個理由替她的行為辯護；辯護是不必要的，我在意的是，對於

令人不解的行為背後，還有什麼可以想像的空間？

　　相對於「性」隨著身體變化而流浪，「愛」卻只能孤單地守著過去，找不到外在的對象，或者找到了，結了婚，有了小孩，她卻不全然覺是對方是真正愛的客體；或者有時是，有時不是，因為原始所愛的對象早就過世了。她勉強以內心裡殘餘的父親形象，來支付後來這些無力的愛，或以性活動的刺激，來激活那已無力的愛？我仍無法清楚地說明，何以在「量」的對比上，她的性會超過愛。有時需要性來激起愛的活絡，有時性（活動和想像）反而讓愛遠離。這是她內心裡長久以來的鄉愁，也是懷念父親並紀念父親的方式。

　　或許我們可以將她簡化成「伊底帕斯情結」的鮮明版，但在內心的防衛機制上，不只是佛洛伊德所說的，精神官能症者常使用的「潛抑機制」（repression），而是有著二分法的「分裂機制」（splitting）運作，尤其讓性和愛如此二分，需要相當強大的防衛力量，才能做出這種切割。「分裂機制」是更原始的心理防衛，而「潛抑」是人生裡晚到的心理機制，它把先前安靜發生的二分現象再往下壓，由於

是意識不自覺的運作，因此行動可能共時重疊出現，但雙方卻不識彼此的模樣。這種現象是臨床實情，但在佛洛伊德的年代，著重後來出現的潛抑機制，然而，原始的分裂機制，從不曾在任何人的人生裡缺席過。例如有名的案例「朵拉」的文獻裡，可以看見佛洛伊德對於原始的分裂機制的陌生，他圍繞在晚來後熟的潛抑機制上，說明朵拉的問題。

這種狀態下，要讓性和愛兩端可以接近，不是一件容易的事，也許導演試圖讓聽喬說話的男子，可以像個分析師的微型版，促使她有可以轉變的機會。實際上要做個分析師或精神分析取向治療師，還需要更多的技藝。

電影最後，以她和父親的愛作為結尾，這曾是一座有力量的紀念碑。《性愛成癮的女人》第八章「手槍」，喬發現少女P和前夫J在一起，她感到疲倦脆弱。最脆弱的時候，她想起了自己曾深愛，不曾傷害過她的男人：爸爸。她的爸爸曾告訴過她，樹的靈魂像人的靈魂，她找到了精神的憑藉。山上迎風而立的那棵孤獨大樹，儘管大自然毀壞的力量強大，它依然堅韌成長，她被自己拉拔的少女P羞辱時，她沒有躲開；被J打趴在地時，她沒有反擊。她

默默接受那棵孤立大樹。

　　人總有著這種孤立大樹的一面，是需要也是困局，精神分析一直和它糾纏著，不知未來會如何？是慾望打趴了精神分析，或是精神分析馴服了那些慾望？目前還早，精神分析在人類文明史裡，剛走到青春期前的潛伏期，還不是對人和人生做出結論的時候......

後語

　　我們不是在電影院裡談電影，這使得我們正在做的事情變得有些奇特。電影，不就看看就好了嗎？需要談電影，才會讓看電影這件事更完整嗎？但有「完整」這件事嗎？佛洛伊德晚年在《有止盡與無止盡的分析》裡提到，沒有「完整」（complete）分析這件事，一如我們對於目前書寫的態度，不可能完整談論一位導演的作品，甚至想要完整談論一部電影都很困難。

　　我們只是針對這三部電影，略述一些想法作為參考。我們相信，即使好像找到了答案，仍另有謎題躲在後頭，每個答案的後頭都有謎題，類似溫尼考特說的，捉迷藏時躲得太好，

有未被找到的人，他的未被發現對他反而是件可怕的事。對我來說，那些躲得太好，而許久找不到的謎題，被找到的時候，它是驚慌和孤單的，需要我們用心關切它多年來的情況，而不是急於塞給它答案，好像我們是全知者，讓待在暗室太久的謎題，如見到強光般感到刺眼。

我們甚至在發展談論電影的不同方式；薩所羅蘭會陸續藉用其它的材料來談想法，例如這次以電影為素材，而規劃中的是「莎士比亞與精神分析」，主要目的都有著向這些創作致敬的意味。我們還有另一個目的：是否能從這些創作裡，發現可以幫助我們說明臨床實作過程裡，某些仍待命名的現象。

如果自認為是在「完整」談論的錯覺下，展現出來的文字，就會脫離現實，一如憂鬱也是光譜般的寬廣，我們在「憂鬱三部曲」裡所談的想法，只是連續光譜裡的一小段，甚至是紅外線或紫外線的範圍裡，無法被雙眼所見的小波段。

我們嘗試描繪人心裡的這些小段落或小角落，避免跳進簡化式的因果結論裡，例如，一般人常說的，「負向想法所以憂鬱」、「因為父母如何，所以目前有憂鬱」、「因為有憂

鬱，所以有了某些行為」。我們不急於以簡化式的前因後果下結論，而是盡力擴展想法和疑問，指出這些現象的「關聯」，讓大家可以慢慢形成自己的觀點。

簡化式的因果論點，對我們來說，反映著面對失落和憂鬱時，如同「憂鬱星球」必然到來的壓力，以為簡化式的歸因，就可以讓人不被失落和憂鬱所淹沒。我們無意說，一切都是無用的，因為憂鬱星球總是會來臨，不論付出了多少的努力。但我們相信，不必然所有憂鬱者都是如此，但也無法否認的是，這也是不少憂鬱者所經歷的受苦經驗，我們如何了解和體會這些經驗呢？我覺得這三部曲是很好的體驗，不過我無意說，這三部曲說盡了憂鬱是什麼。

薩所羅蘭的主要方向，是希望我們未來的聽眾或讀者，是會想要多聽不同想法的人，而不是只要簡化的答案，或只為某種情緒挑動而激情。這需要一步一步來，畢竟也不是要排斥在某種深沈困頓時，會想要有簡化答案的人，這並不是比較次等，只是我們設定的目標是，有更多的想像和想法。我們希望這是一個有趣好玩的過程，歡迎大家的意見，也歡迎大家關

| 延伸閱讀

- Freud, S. (1917). Mourning and Melancholia. p.237-258, SE.14.
- Freud, S. (1926). Inhibitions, Symptoms and Anxiety. p.75-176, SE.20.
- Freud, S. (1919). 'A Child is Being Beaten', p.175-204, SE.17.
- Green, A. (2012). On Construction in Freud's Work. Int. J. Psycho-Anal., 93（5）:1238-1248.
- Winnicott, D.W. (1949). Hate in the Counter-Transference. Int. J. Psycho-Anal., 30:69-74.

浮沉在慾海中的天使在哭泣

劉玉文

「憂鬱」是黑色的？是藍色的？或許沒有特定的顏色是她的代表色，透過薩所羅蘭夥伴們對「憂鬱三部曲」的討論和由個別視角敍說關於性、慾、女人、宗教、文明所觸及的焦慮、悲傷、哀悼、受苦、受虐、強迫性症狀等，像是透過更大的整體意識，帶著更專注的穿透力量來探尋那憂鬱的豐厚，跨越某些已知的界定，來面對生命的起初和死亡的進程，既擴展又深入。

「憂鬱」這個詞彙所蘊含的豐富信息量讓我想到麥田圈；麥田圈現象是發生在深夜到凌晨的黑暗中，通過某種未知的力量，在麥田或其它種類的田地上，將農作物壓平而產生出的一大片幾何圖案，至今尚未有人可以明確指出製作過程。從空中俯瞰整個圖像，成片被壓平

的作物和小區域，完好無損的區塊像是形成了一座精緻的迷宮。有人推論這些圖案是由高等智慧生物傳達出的訊息，對於身為人類的我們，還無法解讀這些信息。

如果現代的我們把隨身碟穿越時空傳送到遠古時期，那個時期的人類看到隨身碟也是無法指稱出他們看見了什麼，頂多就外型質地做一番描述，或許連語言都無法有足夠的字彙可以描繪。這一個數據儲存的資訊裝置變成了一個未知或神秘，甚至被忽略的存在，儘管這個裝置承載了大量生命的集體智慧，提供跨時空的先進指引，然而這片超越當時所能觸及和理解的知識仍得等待，等待著人類整體意識介面的提升來串接。這個被命名為「憂鬱」的存在，如同被指稱的麥田圈可以作為溝通標的，我們可以有共同圖像，繼續摸索。

憂傷天使問，翅膀能帶我飛到哪裡？

「性本能」在描繪某種要活著和活下去的力量，以性愛行為和追逐，包含性受虐作為讓自己活下去的必須，經歷著最接近親密，同時

也感受到被摧毀的受苦式愉悅。當對於性愛呈現欲求不滿的狀態，意味著有個希望在某處，在未來，在渴望那個不是的、不滿足現在的，或者是一種對存在的反對。溫尼考特（D.W. Winnicott）說，人都在心理上死過，如果身為重要客體的母親在場與否，是嬰孩感知自己生與死的開端，那麼我們生命早年所經歷的死亡是什麼？又以什麼方式被嬰孩經驗著？這歷程又是如何被身體記憶，直到肉體真正的死亡呢？這些提問讓我想到臨床有的曾經。

憂鬱是一種無能為力。女人在母親自殺死亡後，迷戀上閱讀小說，拿著書躺在床上讀著睡著，不知道睡了多久，眼睛睜開，繼續用同樣的姿勢看著，彷彿沒有間斷過。在最少的活動範圍，用最少的驚擾，閱讀著身外的世界，保存某種生存的能量來閱讀別人的生命；又像親密貼著自己，沒有了時間感，彷彿這是生活的全部；也與受苦、哀傷、死亡的恐懼保持了無痛的舒適距離。她說：「讓自己麻木才不會進入憂鬱，在憂鬱的狀態裡，我沒辦法生活，不知道怎麼過下去。在麻木的時候，我不在，就不會有感覺。慢慢的，我真的感覺不到自

己，別人也感覺不到我的存在，像是斷了線，斷了聯繫。別人開始對我的不在而憤怒，一起的承諾都在我麻木的時候癱瘓，我和身邊的人進入痛苦的情感糾纏。」她回憶著，那時候她五歲：「媽媽失魂地走在馬路上，我安靜保持不遠不近的跟著，心裡害怕她的崩潰，卻也對保持這個距離的跟隨感到安心。我看著媽媽，深怕驚擾了她。想讓她知道我在她旁邊卻又不敢讓她知道，隱約覺得危險，像是我的存在也是可怕的。帶著這些憂慮和受苦的感覺，我想像著身體會失去功能，會壞掉，會罹患癌症。」

女人無法接受母親做出求死的決定，母親自殺的行徑和最終如願死亡的事實，讓她感受到一再被切割，不只切割了兩人情感的連結；這樣的被隔離狀態，有著被拋棄和被背叛的痛楚。母親的缺席讓她經驗到自己的孤單、恐懼、悲傷和憤怒，如同經驗著心頭上的一塊肉不斷被切割。失去媽媽的恐懼，也讓自己離死亡很近。承認內在重要客體的消失像是自己精神的死亡，她無法原諒，決定毀滅自己而切斷與外在連結的媽媽，也憤怒自己無力拯救媽媽

的生命，因為她知道那是一個黑洞，一個不斷在吸吮能量的大黑洞。

在接下來的人生，她一直在逃離死亡的威脅，卻沒發現她一直在逃離自己生命的軌道，別人感受不到她，而她在別人的生命中持續的不在，缺席著。她說：「我要一直跑，要持續拔腿就跑，才能避開沒有選擇的痛苦，才能有活下來的機會。」她到底在求生，還是求死？

天使的眼淚變成月亮的鏡子，
映照出夜空的孤寂

一種強迫性重複的「人在心不在」現象，成為處事慣性，也與他人形成是非對錯爭論的焦點，然後歸結出只能一個人孤單的求存。她用責備的眼光，評論著將自己置於痛苦泥沼的行為，和有意為之的重蹈覆轍，同時又強烈認為這種情境，完全是由當下的處境所造成，是外在環境所決定，這樣兩相矛盾的衝突也讓憂鬱持續。女人在自己孩子出生的時候，她臉上出現崩潰的表情，她知道過去熟悉的人生不會再回來了，永遠的不在了。她看著懷中的孩子

說：「我已經決定，為了你，我必須完全放棄自己。」這是一生的愛，也是最深的痛。

　　她並不記得憂鬱開始的起點，只知道一直在失落著。這個失落包含對失去母親客體的，還有失去自我的。要逃開、遠離的又是什麼呢？遠離媽媽的死亡？遠離自幼感受到和母親在一起時的空洞？遠離嬰兒時在心理或身體上，意識到和母親的區隔所引發的不舒服？當意識到和母親是不同個體的時候，那混亂、失望、挫敗和憤怒是如此鮮明。每每和母親的身體接觸時的親密快感，同時也交融著每一次分離時的依戀和不舒服。成為母親之後對孩子的恨意，是那麼隱晦卻又如此真實，讓她不敢直視。

　　憂鬱是一種失落。如果再從性行為孕育生命的角度來看，性愛可說是讓我們最接近成為創造者的行為，我們變成一個通道讓一個新的生命透過我們而來，當我們珍視創造的力量時，性愛本身即帶有神聖和喜樂。然而現實生活中更常面對的是，伴侶間的性，是渴望與另外一個生命的結合，在性當中感受到兩個個體

融合變成「一」，但也經驗到這樣的融合是不可能無限和永恆，這是痛苦的所在。性愛時那被填滿包覆的愉悅滿足，接續的是實際身體分開後，神經興奮消散和心理抽象的空空蕩蕩，生物神經電流傳導的感受，像一陣陣浪潮衝擊到岸邊形成一顆顆綿密的小氣泡，然後一點一點像褪色般的消失。交合之後的分離讓兩人中間有了空隙，於是又再度進入了痛苦，因為這原始合一的欲求，注定在性愛結束後，經驗失望和挫敗。

從原初經驗到和母親的分離挫敗，走向我和自己的痛苦，然後也同步形成我和他人的痛苦。自己一個人的受苦變成我們都在受苦。歷史事實透露出在時間軸上的變化，也映照出心理現實的存在。不論是外在現實的意識交集，還是內在潛意識的相互連結和反應，有形無形的交織出生命共同體，自己的苦沒有安頓，身邊的人也會在不同程度的受苦中。隨著個案陳述著記憶中的片段，我拼湊著她生命的樣貌，在時間軸上來來回回標記著歷史的痕跡。這些歷史的軌跡，也有我每個當下和她流動的情感和體感的回應，連結的不只是一個人的生命，

是一個家族，是更大整體的我們。

　　曾聽過一個關於迷宮的希臘神話，精緻巧妙的迷宮是由名匠代達羅斯為克里特島的國王米諾斯設計的，用來囚禁米諾斯那身形是半人半牛的兒子彌諾陶洛斯。迷宮中心和出口處都有條明確的通道，在眾多分歧通道中只有一條路徑能通向中心。迷宮的複雜和精微，連代達羅斯本人都很難從自己所設計的路徑中逃脫。

　　人的一生就像迷宮，每個心理活動由自己的慾望而起，又與其他生命共織錯綜複雜的網絡，或許生命就是需要回到生物性的衝動，在愉悅快感和受苦擾動中探索，藉由上述種種心理和身體的活動，以及能量灌注點，重新經驗生物性衝動與精神力的融合、吞化，來親近憂鬱的本質，找出從貪欲當中脫離欲樂的道途，抵達了解脫生死之境，這是生命去向──我猜想著。

附錄二 （「憂鬱三部曲」工作坊 文宣）

拉斯‧馮‧提爾導演的「憂鬱三部曲」：

多少斤兩的情慾才出得起失落苦澀的遮羞費

【時間】2020.12.20（日）0800-1710
【地點】台北市復興南路二段35號2樓之一（臺灣精神分析學會）

【憂鬱三部曲】
1. 撒旦的情與慾（AntiChris♀）2009
2. 驚悚末日（Melancholia）2011
3. 性愛成癮的女人（Nymphomaniac）2013

時間	主題	主講	主持
8:00-9:00	報到	全體	
9:00-9:10	開場白	蔡榮裕	
9:10-10:00	撒旦的情與慾： 誰的憂鬱周旋在情與慾裡浮沈？	王明智	蔡榮裕
10:10-11:00	驚悚末日： 憂鬱的心聲如何拐彎抹角說自己？	陳建佑	
11:10-12:00	性愛成癮的女人： 這真的和憂鬱有關係嗎？	王盈彬	
13:00-13:50	撒旦的情與慾： 好吧，讓我們一起來認識情和慾！	吳念儒	
14:00-14:50	驚悚末日： 是喔，那麼情慾和什麼愛有關係嗎？	陳瑞君	
15:00-15:50	性愛成癮的女人： 天啊，強迫式的重複竟是喧囂的癮！	劉又銘	王盈彬
16:00-16:50	憂鬱三部曲： 我們談電影，為了臨床想像和認識自己	蔡榮裕	
16:50-17:10	綜合討論	全體	

「憂鬱三部曲」

【薩所羅蘭】策展

　　不論你是否喜歡電影，是否看過這三部電影，這都不重要，我們會以有趣的方式來佈展它們；我們就是設定：「你不見得看過它們」來做準備的。

　　「佛洛伊德已死。」《撒旦的情與慾》女主角曾開精神分析的玩笑。這個玩笑太真實了，讓我們想喚醒佛洛伊德，回答謎題⋯⋯。

　　當我們談潛意識的情慾時，是什麼意思呢？說出來的性有多性呢？那麼電影演出來的情慾呢？它還是性嗎？它還隱身更撲朔的謎題？

　　我們談電影，不放映電影。薩所羅蘭邀請大家花一些些錢，來看我們創造不一樣的電影和精神分析的關係──不是用術語解剖或診斷電影人物，我們要在值得玩味的電影裡尋找出路，在臨床和非臨床之間，從診療室出發，走進電影世界，再走出來觀看臨床工作，替過渡空間創造出更多的想像。

與其說是「電影和精神分析」，或許說是「電影和臨床」更貼切。精神分析的論點，只是看事情的某種方式，這是我們的專業，但我們在此更要傳達的是，如何從電影學習看臨床，尤其是這三部以「憂鬱」為名的電影。

　　很多年前，精神分析領域曾有著一個疑惑，「在被分析前或被分析治療的過程裡，是否不能先閱讀精神分析的理論？」這個問題現在已經不是問題了，因為閱讀理論和實質體驗是兩件事，也就是，可以先看也可以不用先看，但是目前資訊取得便利，也許傾向是，大家都會先去閱讀相關資料。

　　而看電影這件事，我們將以精神分析的態度和理念，與它們對話，通常我們不會以正在上演的院線片作為對象，雖然我們不排斥這麼做。

　　你不必然得先看過這些電影，我們會說得讓你知道我們要說的，如果你事後想去看電影，那也很不錯，這或許代表我們已有了某種成功。我們在說故事的過程裡，一定會有一些些劇情爆雷，但是我們覺得，如果看電影只是因為某些爆雷就減損看電影的樂趣，這也怪怪的，難道電影只是劇情而已嗎？

【薩所羅蘭】團隊簡介

陳瑞君

諮商心理師
臺灣精神分析學會會員
臺灣精神分析學會推薦精神分析取向心理治療師
松德院區《思想起心理治療中心》心理治療督導
國立臺灣師範大學教育心理與諮商所博士班研究生

許薰月

諮商心理師
巴黎七大精神分析與心理病理學博士候選人

吳念儒

臨床心理師
臺灣精神分析學會會員
精神分析取向心理治療師

劉玉文

諮商心理師
臺灣精神分析學會會員
精神分析取向心理治療師

王明智

諮商心理師

臺灣精神分析學會會員

小隱心理諮商所所長

臺灣精神分析學會推薦精神分析取向心理治療師

松德院區《思想起心理治療中心》心理治療督導

魏與晟

臺北市聯合醫院松德院區諮商心理師

臺灣精神分析學會會員

松德院區諮商心理實習計畫主持

國立臺北教育大學心理與諮商研究所碩士

謝朝唐

精神科醫師

中山大學哲學碩士

巴黎七大精神分析與心理病理學博士候選人

劉又銘

精神科專科醫師

台中美德醫院醫療部主任

臺灣精神分析學會推薦精神分析取向心理治療師

松德院區兼任醫師

台中心身美診所兼任醫師

陳建佑

精神科專科醫師

精神分析取向心理治療師

臺灣精神分析學會會員

王盈彬

精神科專科醫師

精神分析取向心理治療師

臺灣精神醫學會會員

臺灣精神分析學會會員

英國倫敦大學學院理論精神分析碩士

王盈彬精神科診所暨精神分析工作室主持人

蔡榮裕

精神科專科醫師

臺灣精神分析學會名譽理事長

臺灣精神分析學會執委會委員兼推廣委員會主委

松德院區《思想起心理治療中心》心理治療督導

拉斯・馮・提爾導演的「憂鬱三部曲」
在情慾裡求生的苦與痛

作　　者｜王明智、陳建佑、王盈彬、吳念儒、陳瑞君、劉又銘、劉玉文、蔡榮裕

執行編輯｜游雅玲

校　　稿｜陳穎芝

封面設計｜楊啓巽

版面設計｜荷米斯廣告設計有限公司

印　　刷｜侑旅印刷事業股份有限公司

出　　版｜Utopie無境文化事業股份有限公司

地　　址｜802高雄市苓雅區中正一路120號7樓之1

電　　話｜07-3987336

E－m a i l｜edition.utopie@gmail.com

初　　版｜2021年 6月

I S B N｜978-986-06019-3-0

定　　價｜380 元

國家圖書館出版品預行編目(CIP)資料

在情慾裡求生的苦與痛：拉斯.馮.提爾導演的「憂鬱三部曲」 / 王明智,陳建佑,王盈彬,吳念儒,
陳瑞君,劉又銘,劉玉文,蔡榮裕作. -- 初版.--高雄市:無境文化事業股份有限公司,2021.06
面　；公分. -- (【薩所羅蘭】精神分析的人間叢書；1) ISBN 978-986-06019-3-0(平裝)
1.精神分析 2.憂鬱症 3.影評　175.7　110007813